CONFESIONES DE UNA INMIGRANTE ILEGAL

Irma Noriega

ISBN: 978-0-7596-1711-7 (sc)
ISBN: 978-0-7596-1712-4 (hc)

Print information available on the last page.

1stBooks – rev. 08/23/19

Antecedentes

Era muy difícil mantener la ecuanimidad que necesitaba cuando sus pensamientos estaban fijos en recuerdos y en la disatisfacción que sentía en este momento con el trabajo que desempeñaba. Forzada por las circunstancias, se preguntaba una y otra vez como había dejado que las cosas resultaran de este modo. Solo unas semanas antes, todavía había estado desempleada y sin dinero, caminando las calles de Salt Lake City, llenado solicitudes de empleo aquí y allí que habían sido archivadas en el escritorio de inumerables oficinas de empleo, hasta que finalmente había sido contratada para trabajar en ésta clínica.

"Algo es mejor que nada," Alexandra se había dicho a sí misma después de no haber conseguido trabajo por los pasados seis meses.

La inigualdad é injusticia a la que se había opuesto siempre aquí constantemente estaban presentes, en la cara de los menesterosos y vagabundos que venían a la clínica a solicitar ayuda, y en la insensibilidad y maltrato que los trabajadores de la clínica les daban. Alexandra se sentía trabajando allí atrapada, como enterrada viva. El sentimiento de opresión que sentía en el pecho le recordaba que este trabajo no representaba en nada sus aspiraciones.

Cada minuto que pasaba trabajando en la clínica parecía una eternidad, era como escalar una escalera inmensa en la cual cada escalón la conducía más y más lejos de sus sueños. Trabajar para sostenerse le llevaba toda su energía y tiempo y esto la llenaba de un inmenso desconsuelo y malestar.

Alexandra Marques dio unos pasos alrededor de la oficina de recepción y miró a Marsha. Marsha estaba sentada en el escritorio, sus ratoniles ojos atrás de los anteojos miraban en este momento a Alexandra con desprecio. Marsha estaba recién casada, era escuálida y presumida quién estirando con garbo el cuello trataba a todo mundo con desprecio como si todos a su alrededor fueran

1

inferiores a su talla. La nariz de Marsha era recta y larga y su boca diminuta cuando hablaba se curvaba hacia el lado izquierdo con despotismo.

"Cuantos registros de pacientes estaba la mente diabólica de Marsha planeando esconder esta vez?" Alexandra pensó.

Marsha se había vuelto su enemiga desde el primer día que empezó a trabajar en la clínica, recurriendo a deliberadas mañas para demostrar que el trabajo de Alexandra era torpe é inadecuado cada vez que la mandaba a buscar los registros de pacientes, que había previamente escondido ó archivado sin seguir orden alfabético, con el propósito de hacerla parecer una tonta é inepta al no encontrarlos.

Alexandra estaba cansada de ese trabajo! No le proporcionaba ni siquiera una tercera parte de lo que ganaba cuando trabajaba con Enterprises 2000, ni siquiera para tener lo necesario.

Mientras pensaba en esto, Alexandra se acercó a la ventana y miró afuera. Las montañas a lo lejos estaban cubiertas de nieve y un poco opacadas por lo grisáceo del cielo que anunciaba la proximidad de otra tormenta. Alexandra tenía cerca de cuarenta años, era delgada y esbelta. Sus ojos cafés tenían una mirada a la vez nostálgica y retadora. Era callada y reservada con desconocidos, pero con los amigos, ella sabía cuando ser seria, graciosa, y seductora.

En este momento vestía un precioso vestido morado que delineaba tremendamente su espléndida figura. Su pelo largo caía hasta su cintura en dorados rizos parecidos al color del pelo del maíz.

"Necesito grapas, nos quedan algunas?" Alexandra preguntó.

Marsha abrió el cajón cercano fastidiosamente y de mal modo le dio a Alexandra la caja de grapas.

"Que ya aprendiste como ponerle grapas al engrapador?" Preguntó Marsha con una sarcástica y mal intencionada sonrisa.

Alexandra parpadeó. No valía la pena contestarle a su impertinente comentario. Era un juego enfermizo, solo a la medida de Marsha. Marsha era esa clase de personas que solo viven a gusto cuando le hacen la vida miserable a otros.

Alexandra cerró los ojos. Dos gentes habían llegado a la clínica requiriendo servicio. Alexandra caminó hacia ellos preguntando amablemente "En que puedo ayudarles?"

Pero Marsha, conociendo el nombre de la mayoría de los pacientes la empujó a un lado para ella atenderlos.

Irma Noriega

2

Ayer había venido y se había ido con una increíble rapidez llevándose sus ilusiones de niña enterrándolas al lado del cuerpo inerto de su madre y la brutalidad de su borracho padre. Alexandra cerró los ojos esta vez entristecida. Los gritos de la pelea se acrecentaron más y más como una erupción volcánica en su recuerdo causándole temblor en las piernas.

Su padre empujó con el pie bruscamente la puerta de su cuarto y pasando, en ira la asió en el aire con una mano dejándola caer súbitamente en el suelo.

"Ven a limpiar el suelo idiota," su padre le dijo al mismo tiempo que empezó a patearla en donde la había dejado caer en el suelo.

Alexandra empezó a llorar copiosamente incapaz de defenderse y asustada de una vida que desde que había tenido conciencia recordaba llena de injusticia y lágrimas.

"Cállate el hocico, tonta!" Su padre le dijo al mismo tiempo que le dio una bofetada sangrándole la nariz. "Voy a golpearte de verdad para que esta vez llores por algo." Los ojos de su padre echaban chispas de coraje.

Alexandra se levantó del suelo y en silencio lo siguió hasta la sala. Lágrimas caían copiosamente de sus ojos mientras su padre continuaba dándole empujones para que llegara más pronto a la sala donde su madre se encontraba sentada junto a la ventana cosiendo y llorando desconsoladamente. Mariana su hermana mayor, también llorando había empezado a limpiar el suelo. Alexandra volteó a ver a su madre con miedo. Su madre siempre se encontraba ahí, atrás de la máquina de coser día y noche, mientras sus manos confeccionaban preciosas y delicadas ropas que luego vendía para darles de comer. Luego miró alrededor. Latas de cerveza y botellas vacías de vino por todo el piso le daban un olor nauseabundo al cuarto. La cazuela de frijoles, dos galones de leche, vasos y platos rotos estaban esparcidos en el piso de la cocina.

"Limpia!" Su padre sentenció enojosamente, "hasta que se refleje mi rostro en el suelo como en un espejo."

En la recámara adyacente sus tres hermanitos habían comenzado a llorar despertados quizá por el barullo. Sus dos hermanitas pequeñas estaban quizá todavía durmiendo. Cuantas veces desde que tenía memoria ésta escena había tenido lugar!

"Que se muera, Dios mío, ojalá se muera!" Eran la oración que Alexandra en las noches pedía a Dios.

Su padre les había traído al mundo para hacerles sufrir. Alexandra odiaba a su padre y también la actitud pasiva de su madre que los sometía a todos al abuso, la insolencia, y la irresponsabilidad de su padre. El hacerlos sufrir era para su padre como un juego el cual le causaba risa. Desde que había perdido su trabajo él se había dedicado a tomar y decir que no cabía en un mundo populado solo por idiotas. Su padre tenía treinta y tantos años, era muy alto y fuerte. Tenía el pelo ondulado y negro, haciendo perfecto contraste con el color blanquísimo de su piel y el luminoso verde de sus ojos.

Ella y sus hermanos le temían, su cercanía solo significaba para ellos una cosa: Tortura y castigo, y él contaba con muchas maneras de infringirles castigos. El solo ruido de sus pasos la hacía temblar de pies a cabeza, y poner sus manos frías y con sudor. Alexandra volteó a mirar a su hermana Mariana que en silencio como ella en el suelo limpiaba el piso.

La inmensa colección de libros en los libreros labrados con diseños barrocos resaltaban en sarcástico contraste en medio del tiradero. Balzac, Kant, Shakespeare, Sartre, Dostoevski, Nietzsche, Dante, ó los grandes clásicos, eran silenciosos testigos de su pena, y fantasmagóricos amigos que parecían tomar vida para que ella en su fantasía pudiera contarles su tragedia. Su padre se sabía esos libros uno por uno. Su deleite era recitárselos y mofarse de la ignorancia de todos cuando los obligaba a sentarse alrededor de la mesa del comedor para escuchar su sapiencia. Hora tras hora, riéndose de ellos y llamándolos tontos e idiotas, mientras con el puño golpeaba la mesa ó los cacheteaba una y otra vez enseñándoles irónicamente las lecciones de los eruditos...

Irma Noriega

3

La muerte de su madre quedó suspendida en la mente de Alexandra paralizándola de pena. Después de tantos años los recuerdos de su niñez aún danzaban dentro de su cabeza en cruda agonía, dejándola inmóvil y sin fuerzas. Alexandra tomó asiento al mismo tiempo que los años idos se hicieron presentes como ayer..

Vidrios rotos, llantos y griteríos. Alexandra sin poderse contener cobijó su pequeña cabeza entre las sábanas temiendo respirar. En ese instante lo que hubiera querido más que nada es desaparecer, desintegrarse en el aire con el fin de dejar de escuchar el ataque de furia de su padre. ¿A quién golpeaba esta vez? A sus hermanos, a alguna de sus hermanas? Por un momento, ó por quizá una eternidad, todo quedó silencioso, a quien golpeaba era difícil saberlo. En la oscuridad ella podía imaginar mariposas de mil colores semejando estrellas y arco iris cubriendo un mundo bello y hermoso.

Silenciosamente alguien abrió la puerta de la habitación, bajo las cobijas Alexandra escuchó los pasos. Era su mamá.

"No me siento bien," Alexandra oyó a su madre decir con una voz imperceptible. "Tengo mucho frío."

Alexandra se levantó de inmediato asustada y miró la silueta de su madre en la oscuridad. El miedo intenso que siempre se apoderaba de ella cada vez que su padre se acercaba a pegarle cubrió su cuerpo de súbito al mismo tiempo que comenzó a temblar.

"Mamá que tienes?" Alexandra preguntó a punto de llorar aterrada de escuchar la respuesta.

El cuerpo de su madre temblaba con una agitación extraña, como una hoja acarreada por el viento. Los dientes le castañeaban.

Su hermana Mariana cogió a su madre de la mano y la condujo hacia su cama.

"Acuéstate aquí mami, en mi cama," su hermana dijo cubriendo el cuerpo de su madre que todavía temblaba bajo las cobijas.

"Tengo un dolor de cabeza horrible." Su madre dijo entre gemidos.

Alexandra y su hermana se quedaron silenciosas, paralizadas rezando dentro de sí tenazmente.

"Quizá mi papá le ha pegado," Mariana susurró rompiendo el silencio. Ella y Alexandra estaban sentadas al pie de la cama donde yacía su madre no sabiendo todavía que hacer, y anonadadas ante lo incierto de la situación.

"Necesitamos llevarla a un hospital." Decidió finalmente Alexandra. La piel de su madre se había tornado fría y sus ojos tornado inmensos y ojerosos como preludio de muerte.

Sin más se vistieron y fueron hacia el cuarto de su padre, donde éste se encontraba durmiendo y roncando ahogado de borracho. Cerrando la puerta en silencio se miraron con marcada angustia. Aunque solo contaban con trece y catorce años se daban cuenta precisa de lo precario de la situación, en este momento aunque se encontraban sujetas al mandato de su padre, el salvar a su madre dependía unicamente de ellas. El hospital más cercano se encontraba como a treinta cuadras de distancia pero eso, no importaba. Para ellas no había terror más grande que el ver a su madre enferma. Dirigiéndose a la puerta de la calle, la abrieron y salieron fuera, aventurándose en las obscuras y solitarias calles de la ciudad de México. Las campanas de la iglesia cercana repicaron la hora en el silencio de la noche anunciando las tres de la mañana.

Dos días después, ella murió. El cuerpo de su madre se volvió inmóvil y rígido cuando el último hálito de vida escapó de su cuerpo para regresar a su Creador...

4

Después de que murió su madre, en su mente todo pareció volverse silencioso, el mundo quedó como suspendido en una sensación de vaciedad. Sin su madre, la casa había quedado sin vida iluminada bajo un lúgubre manto. De todos los rincones de la casa, voces y sonidos familiares parecían surgir resurgiendo inconsolables, bizarras y caleidoscópicas figuras. Atrás de la máquina de cocer el fantasma de la muerte estaba sentado observando.

En los cuartos no había nadie presente. Sus hermanitos y hermanas habían corrido a esconderse en algún lugar de la casa para ocultar su pena. Después del funeral, mucha gente vestida de negro vino a la casa para hacer oraciones en un extraño, monótono y melancólico canto llamado "el rosario" para asegurar la salvación de la muerta.

"Porqué me has dejado, Mary ?"

En medio de la noche el grito sonó como venido del más allá ó del mismo infierno. Alexandra se envolvió en las cobijas. Afuera de su recámara, su padre paseaba de un lado a otro de la casa llorando con pena y con delirio por un espectro.

"Porqué Mary? Porqué.?"

Ruidos de puertas que se cerraban y abrían en los cuartos gigantescos y vacíos que no volverían a oír el eco de la voz de su madre.

Alexandra estaba llena de terror. Sus hermanos habían comenzado a llorar al tiempo que escuchó los pasos de su padre aproximarse a la puerta de su recámara. La muerte había extendido sus manos frías hacia ellos dejándolos a la merced de su padre.

La muerte era un gran misterio. Alexandra tenía miedo de la muerte. En su mente, la imagen de cuatro doctores tratando de revivir en vano el cuerpo yerto de su madre aún estaba presente.

Irma Noriega

Aún ahora, después de que habían pasado tantos años desde que dejó México, era muy díficil hallar una explicación para lo que sucedió después de la muerte de su madre. En un santiamén sus hermanos y hermanas fueron dispersados por adultos que dispusieron de ellos como quisieron. Sus hermanitas fueron llevadas a un orfanato, mientras la familia peleaban entre ellos tratando de determinar quién se encargaría de todos ellos, al tanto que sus hermanitos de ocho, nueve, y diez años huyeron de la casa. Solamente Alexandra y su hermana Mariana se quedaron a vivir con su padre en la casa, poniendo barricadas atrás de la puerta de su recámara por las noches, para evitar que su padre entrara a pegarles.

5

"Unos misioneros Mormones van a venir a mi casa esta tarde. Quieres venir?" Rosa, su compañera de escuela en el octavo grado le preguntó a grandes voces mientras copiaban la tarea del pizarrón.

"Unos qué?"

"Misioneros Mormones," repitió Rosa. "Son de los Estados Unidos. Quieres venir?"

Alexandra, que conocía lo juguetona y bromista que Rosa era, pensó que Rosa estaba tomándole el pelo con una de sus acostumbrados chistes.

"Me tomas el pelo no?" Dijo Alexandra.

"No, no es broma." Rosa exclamó levantando la voz, "es en serio!"

"A callar ahí atrás!" Gritó la maestra desde enfrente del salón de clase.

"A que hora van a venir?" Susurró Alexandra.

"A las cinco y media de la tarde." Rosa dijo.

"No estoy segura si puedo ir, pero trataré."

"A callar, dije, ó voy a tener que separarlas!" La maestra repitió, Alexandra y Rosa sonrieron entre sí y callaron.

Si no hubiera aceptado la invitación de Rosa esa tarde, Alexandra reflexionó, nunca hubiera conocido a los misioneros Mormones. Pero atraída como hacia un imán y sintiendo una curiosidad incontrolable había ido.

Cuando Alexandra llegó a casa de Rosa esa tarde con su hermana Mariana é Hilda, su mejor amiga; Rosa y su familia estaban ya reunidos en la sala, con las Biblias en las manos formando un semicírculo frente a los misioneros.

"Rápido!" Dijo Rosa, "estamos a punto de empezar."

En silencio se sentaron junto a ellos y con una curiosidad que iba en aumento esperaron oír las cosas que los misioneros tenían por decir. Alexandra podía todavía recordar las sonrientes y luminosas caras de los misioneros. Su limpia y sana apariencia.

Mirando de nuevo los hechos de esa tarde, Alexandra recordó un versículo de la Biblia que alguna vez leyera: "Para todo existe una estación y tiempo para realizar cada cosa bajo el cielo: un tiempo pare obtener, un tiempo para perder; un tiempo para guardar, un tiempo para tirar..." Esta escritura podía aplicarla a aquella ocasión. No había otra explicación! Dios habiendo visto su sufrimiento, la precaria situación en que su hermana y ella habían quedado a la muerte de su madre, como padre amoroso había venido a rescatarlas ofreciéndoles por medio de los misioneros el amor de Jesucristo.

Leyendo el libro de Mormón había sido más que leer cualquier libro. La experiencia había resultado ser una puerta que abriera la posibilidad de vida eterna. Además de ser, como era la Biblia, un testimonio de la vida de Jesucristo en esta tierra. Al escuchar los misioneros esa tarde, su corazón latió fuerte. Había sido como escalar una montaña hasta su más alto pico y mirar desde ahí la belleza de un valle por primera vez.

Para su hermana Mariana é Hilda, la experiencia que en sus propias palabras tuvieron, fue la de haber sido impresionadas grandemente.

"Fue imposible escucharlos testificar acerca del Señor Jesucristo, de la naturaleza eterna de la familia y del ser humano, del propósito del hombre sobre la tierra, y permanecer impávidas." Las dos expresaron.

Era extraño mirar las cosas por primera vez del modo en que los misioneros les explicaron y reconocer como los conceptos cambian cuando se miran desde diferente ángulo. Pero con ello, sin saber a ciencia cierta porque, la desesperación se convirtió de pronto en esperanza, y la inseguridad se tornó en certeza.

En casa, aún cuando su padre los había educado a todos bajo el riguroso régimen de la Iglesia Católica, era por su cuenta ateo, jactándose de detestar todas las denominaciones religiosas.

"No hay Dios," decía, "Yo soy Dios." Y creyéndose omnipotente, único, y todopoderoso criticaba a todo aquel que no llegaba a la altura de su sapiencia y palabrería.

Su padre también detestaba a los Indios, a los gringos, y a los Negros.

"La leche y el aceite no se mezclan," su padre repetía una y otra vez.

Era como un credo del cual se enorgullecía. Sus creencias chocaban con las creencias de su hermana Mariana y las de ella, quienes sujetas tantas veces a su tiranía, habían aprendido a rechazar todo lo que su padre aceptaba.

El día habiá sido muy especial, además de oír las nuevas del Evangelio, habían conocido dos muchachos muy guapos: Warren Maxwell y Gavin James—dos misioneros de la Iglesia de Jesucristo de los Santos de los Últimos Días. Ambos simpáticos, pero Warren teniá como estrellas en sus límpidos ojos azules, Alexandra lo notó cuando al despedirse le estrechó la mano.

"Mandando misioneros como nosotros a predicar el evangelio es el modo en que la Iglesia esparce el mensaje alrededor del mundo," el más alto de los misioneros dijo, "dejamos nuestra casa por dos años para testificar que Jesucristo es nuestro Salvador. Nadie nos paga dinero por hacerlo, lo hacemos con gusto porque queremos que otros sepan que la Iglesia de Jesucristo ha sido restaurada nuevamente en la tierra."

Era un mensaje nunca oído. Un mensaje que les instigaba de tal modo que sintieron el deseo de verles otra vez para seguir oyendo un poco mas acerca de su Iglesia.

Ir a la Iglesia Mormona se convirtió en el evento de los Domingos. Para poder hacerlo se escapaban de su casa saltando por la azotea hacia la casa del vecino y luego atravesando por su patio hasta la calle. La capilla estaba como a veinte minutos de camino a pie. Pero era emocionante ir, y estar escuchando ahí el mensaje de paz, aprendiendo que si seguían los consejos de Jesucristo su vida sería feliz, regida por una moralidad que proveería el modo de aminorar todos los conflictos de la vida diaria.

Una vez que los servicios se terminaban, se reunían un rato con amigos que habían hecho allí para discutir lo que habían aprendido. Braulio, Nina, y Sally entre otros, siempre estaban presentes. Ellos eran miembros de la Iglesia desde hacia varios años, conocián los principios de la Iglesia bien, y eran muy devotos de sus creencias.

"El desarrollo espiritual de una persona no se determina por el conocimiento que esta tiene, sino por la habilidad que ésta persona ha adquirido de ser considerada y respetuosa hacia sus semejantes. No creen?" Braulio dijo.

"Estoy de acuerdo contigo." Nina terminó.

Las discusiones eran una bomba y estando con amigos le causaba a Alexandra una gran alegría. Además en la Iglesia estaba Warren que estrechaba su mano por más de un minuto cuando la saludaba mirándola intensamente a los ojos.

El tiempo pasado en la Iglesia era un tiempo muy bien pasado, no importaba que represalias les esperaban cuando llegaran a casa.

6

Fue entonces cuando sucedió. Fue cuando apenas comenzó a ir a la Universidad, que Carlos le presentó a Jules. Había ido a sacar un libro para estudiar en la Biblioteca de la Universidad cuando Carlos que había ido con ella se encontró con Jules.

¿Cuál era la razón de que algunos despreciaban y maltrataban a los Negros? Alexandra pensó en el momento que Jules estrechaba su mano para saludarle.

Jules era Negro. Su piel a la luz de sol, le pareció a Alexandra a semejanza de carbón. Solo cosas malas había escuchado acerca de los Negros. No entendía el porque. Jules era el primer Negro que veía de cerca y su curiosidad iba en aumento. Quizá ésta era la ocasión que necesitaba para comprobar que su padre estaba equivocado en sus evaluaciones acerca de los Negros.

"El sábado en la noche hay una fiesta," oyó a Carlos decirle a Jules al tiempo que le daba la dirección donde sería la fiesta. "Te esperamos allá."

Alexandra sintió un súbito sobresalto. Pensar que iba a ver a Jules otra vez el sábado en la fiesta le produjo sin saber porque, gran inquietud.

En este momento Alexandra detuvo sus pensamientos y nerviosamente caminó hacia la ventana. No era difícil recordar el pasado. Como en película las imágenes se formaban en enfrente de ella a toda prisa. El cielo estaba completamente gris ahora y la nieve había ya comenzado a caer cubriendo el suelo con un tenue manto. Suspiró profundamente. Había pasado mucho tiempo desde el día en que sus hermanitos huyeron de la casa, desde el día que sus hermanitas fueron llevadas a un orfanato, y desde el día en que su abuelita los reunió a todos en su casa para hacerse cargo de todos ellos, dejando por fin a su padre solo en la casona donde había sido tan cruel con todos. Había pasado mucho tiempo también desde el día en que su padre vino a vivir otra vez con ellos a la casa de su abuelita, transformado é irreconocible, prisionero de su alma.

"Ábranme la puerta!" Su padre había gritado desde la calle tocando una y otra vez la puerta.

Se veía flaco y desvencijado, como si el alcohol y la pena hubieran consumido su desafiante figura de antaño para dejar una grotesca caricatura de lo que otrora había sido. Se veía humilde y manso con una sombra de desesperación y soledad empañando sus ojos.

"Amo a mis hijos Esperanzita, quiero vivir con ellos, estoy muy solo. Se lo suplico!" su padre le suplicó a su abuelita llorando. "Por favor, déjeme entrar. Perdóneme!"

Alexandra miró a su padre a través del cristal de la puerta y sintió lástima, y por alguna razón inexplicable, sintió ganas de correr y esconderse con tal de no verlo, el gigante que se había transformado en enano.

"Ud. mató a mi hija con su vicio! Ud siempre la maltrató! Ud. es un bruto y un hombre indecente!" Su abuelita gritó cada vez más alto golpeando a su padre en los brazos y el pecho con sus huesudos puños.

Desde el día que se mudaron con su abuela, habían visto a su padre únicamente desde lejos, tomando en las esquinas al lado de los vagabundos y borrachos que vivían cerca del vecindario. Otras ocasiones lo habían encontrado tirado en el suelo de la calle ahogado por el alcohol.

7

Jules llegó a la fiesta de Carlos con otros de sus paisanos, y en este instante le pedía un baile.

Era un experto bailarín, Alexandra en sus brazos se sintió como si flotara. En su cintura podía sentir la extraña presión de sus manos. Jules era de Haití pero residía en los Estados Unidos. Llevaba estudiando en la Universidad de México dos años. Al final del año escolar recibiría su doctorado en Sociología.

"Siento," Jules le dijo a Alexandra en voz baja mirándola sin parpadear en los ojos, "que ésta no será la última vez que vamos a vernos. Dios hace que sucedan las cosas," continuó, "para ti y para mí ésta es una ocasión muy especial, no tengo la menor duda. Es una ocasión que va a hacer que estemos juntos siempre. Vas a ver que así será."

Alexandra lo miró con atención sintiendo una rara inquietud.

"Porque dices eso?" Preguntó tímidamente.

"Porque desde que te vi supé que quiero tenerte a mi lado para siempre."

"Cuantos años tienes?" Le preguntó.

"Veintinueve años." Contestó Jules sonriendo, "y tú?"

"Diecisiete," dijo Alexandra.

Su padre estaba equivocado. Alexandra pensó. Los Negros que había conocido esta noche eran simpáticos, inteligentes, educados, y respetuosos. Hablaron de Europa, de Haiti, de Política, de Música, libros, y amor con tan amena plática que a Alexandra le hubiera gustado escucharles hasta el amanecer. Mientras bailaba con Jules, lo examinó con atención. Era alto y cortés, sus gestos pausados y elegantes. Sus mejillas y boca bien definidas y suaves, cuando hablaba, los ojos negros de Jules parecían ensombrecerse con tristeza otras parecían reir juguetones como rayos de sol sobre la arena. No podía engañarse, Jules le producía una gran atracción. Su presencia y su risa le causaban sentimientos que hasta entonces había desconocido en ella.

8

Las luces eran bajas semejando la penumbra del atardecer cuando la besó.

"Regresaré muy pronto a casarme contigo, ó si no, mandaré por ti," Jules le dijo apasionado, separándola un poco de sí para mirarla en sus ojos. "Tengo que regresar a Nueva Orleans. Mi visa de estudiante ha terminado. Mi hermana tiene muchas ganas de conocerte." Continuó cautelosamente, notando que Alexandra estaba tensa. "El tiempo se va rápido. Será una cosa de unos meses. Ya verás."

Alexandra no podía hablar. Le creía! Desde el día que lo conoció habían pasado unicamente seis meses, pero lo amaba locamente. Todo resultaba irreal, difuso, y distante excepto las caricias de fuego de Jules y este instante. Este puro y sincero momento que compartían juntos. Sin aspavientos se arrebujó en sus brazos.

"Demúestrame que me quieres," susurró Jules mientras continuaba bésandola suavemente. Alexandra lo miró incrédula empujándolo al instante.

"Podemos esperar," le dijo herida y tensa, "si me amas y vas a casarte conmigo como dices, podemos esperar."

Jules era muy listo para seguir insistiendo.

"No intenté ofenderte," dijo y se fué, dejando tras él sus promesas de regresar pronto a casarse con ella, y también su corazón solitario sin tener cerca el calor de su cariño.

Irma Noriega

9

Estaba escrito en el destino ó fue solo coincidencia que conoció a Thomas? No sabría decirlo, pero fue el mismo Jules quién le presentó a Thomas unos días antes de regresarse a Nueva Orleans. Thomas estudiaba por las tardes en la Facultad de Medicina en la Universidad. Su escuela se encontraba bastante lejos de la de Alexandra, pero sin embargo, se las ingeniaba para llegar al salón de Alexandra un poco antes de que terminaran sus clases, para caminar con ella a la parada del camión. La única puerta con la que contaba el salón de clase no le daba a Alexandra otra alternativa más que la de encontrarse con él frente a frente. Cada noche a las diez en punto, desde el día en que lo había conocido, ahí estaba, con su habitual poze recargado a un lado de la puerta del salón de clase con sus libros y el periódico bajo el brazo izquiedo, sonriendo con esa constante, y permanente sonrisa que hacía resaltar sus ojos. Alexandra no sabía porque, pero esa sonrisa le irritaba. Thomas era muy persistente! No aceptaba no por respuesta. A pesar de que había hecho todo lo posible por disuadirlo en su acoso, su rechazo parecía solo haber acrecentado sus recónditos deseos porque ahora él aparecía aún más empecinado en conquistarla.

"Hola," lo saludó Alexandra renuente saliendo de la clase.

"Hola," Thomas contestó siguiéndola a través de los corredores y luego por la puerta que los condujo afuera donde comenzaron a atravesar el campo universitario.

De la escuela de Alexandra a la parada del camión se llevaban quince minutos caminando, cruzar el campo de la Universidad a esa hora era peligroso.

"Te quiero, Alexandra, te quiero," Thomas le confesó fervientemente esa noche mientras caminaban hacia la parada del camión, abrazándola repentinamente. "No puedo resistir más lo que siento por ti! Tu ya debes saberlo. Estás muy bonita y eres muy atractiva."

El campo universitario se encontraba oscuro y solitario, y Alexandra sintió miedo, miedo de la pasión que percibía en Thomas.

Miró a su alrededor nerviosa. Muchos hombres eran como Thomas ella sabía. El amor para ellos era tener relaciones sexuales, y estaban dispuestos a hacer cualquier cosa por tenerlas.

"Quiero a Jules," le dijo empujándolo. "Nos vamos a casar al final de este año y tú lo sabes."

"No, no lo sé," contestó Thomas fieramente, respirando fuerte, abrazándola de pronto y besándola a la fuerza.

Thomas era viril. Siempre vestía impecablemente y no era tímido para decir lo que sentía dentro de su corazón.

"Te quiero! Más de lo que te quiere Jules, no te das cuenta?" Continuó, "yo no te hubiera dejado como él se fué y te dejó."

Thomas estaba febril y parecía haber perdido el control. Tomó la mano de Alexandra entre las suyas en arrebato y firmemente la apretó sobre su cuerpo.

"Te deseo!" Le dijo, "te deseo! No lo ves?" Estaba jadeante, sus ojos brillaban con lascivia. Estaban parados enfrente por la parte este del edificio de administración y ahí abruptamente la empujó contra la pared y sujetándola sin dejarla mover, la besó una y otra vez, tratando de forzarla. Desde que la vio por vez primera, había tenido visiones de estrujarla de este modo fundiéndola en el fuego de su cuerpo y de su alma.

Alexandra lo miró implorante.

"Thomas, suéltame," le pidió, "por favor, suéltame."

Thomas la soltó de pronto limpiándose con el pañuelo el sudor que tenía sobre la cara. Se había mandado, dejado llevar por la pasión, pero poseerla había sido por un momento lo único que había cruzado por su mente.

"Disculpa," dijo tratando de disimular lo excitado que estaba, "no sé que me pasó. Me es muy difícil controlarme cada vez que te veo. Eres como una obsesión para mí."

24

Alexandra recogió sus libros del suelo, se habían caído cuando Thomas se le abalanzó atajándola en contra de la pared, después de que los recogió, se echó a correr temblando y llorando para alejarse de Thomas.

Thomas se quedó parado viéndola alejarse. Hubiera querido correr atrás de ella, pero no lo hizo, permaneció parado con los brazos extendidos al lado de su cuerpo incapaz de dar un paso.

Irma Noriega

10

Todo lo que Alexandra sabía acerca de relaciones sexuales lo había aprendido en la escuela secundaria mirando una película en el noveno grado entre las risas maliciosas y susurros de las compañeras. La mamá de Alexandra habiendo crecido a la antigua nunca las intruyó en ello. Mencionar la palabra sexo en casa estaba prohibido. Cuando tuvo su regla por primera vez, creyó que iba a morirse. Fue entonces que su hermana Mariana le dijo que unos meses antes lo mismo le había acaecido, y que su mamá le había dicho que a cierta edad todas las mujeres les sucedía lo mismo sin explicarle la razón de porque esto era así. Desde pequeñas, su mamá les dijo que las cigüeñas traían en el pico a los bebés y ellas así lo creyeron.

Mirando la explicación en la película aún para ella hacía ningún sentido.

"No seas tonta!" Le dijo una de las compañeras de clase. "Los hombres ponen su cosa ahí abajo adentro de las mujeres para que éstas tengan niños, y las mujeres cargan los niños en su panza hasta que nacen."

Alexandra se sonrojó. No quería escuchar una palabra más. Sentía que había sido burlada y con una gran vergüenza, como si estuviera desnuda y como si hubiera hecho algo terriblemente malo. No podía pensar otra cosa. Su mamá las había engañado! No había tenido la confianza de decirles las cosas a las que habrían de enfrentarse en la vida para así prevenirlas y enseñarles. Parecía injusto que su madre hubiera hecho esto, pero saberlo como una mala broma, había logrado solamente acrecentar la tremenda inseguridad que sentía.

"Cuando me case, si es que me caso y tengo hijos, nunca voy a engañarles y pegarles" se dijo en voz baja sintiéndose profundamente deprimida.

Irma Noriega

11

Paró de lavar los trastes al sonido del timbre. Era Warren. No lo había visto desde hacia seis meses que se había ido a servir su misión en Acapulco.

"Ya es mi hora de volver a casa. Mi tiempo como misionero ha terminado. Vine a decirte adiós." Warren hablaba sonriendo al tiempo que estrechaba su mano.

No había cambiado en nada, si acaso, el color de su piel se había bronceado.

"El tiempo vuela—voy a extrañarte Warren." Alexandra dijo.

"Si vas a extrañarme," le dijo, "porque no vienes conmigo. Mi madre te adoraría."

Alexandra le miró de frente, desconcertada, no entendiendo lo que le decía.

"Cómo voy a ir contigo Warren?" Exclamó juguetona. "Si vivo aquí, en México—estás bromeando?

"No. No estoy bromeando. Tu puedes casarte conmigo, y venir conmigo a los Estados Unidos."

Solo entonces entendió lo que le decía. Las palabras de Warren eran tan serias como la doctrina de la Iglesia que decía que no es posible alcanzar el reino celestial sin casarse por las eternidades en el Templo.

"Warren," Alexandra dijo tímidamente, " no puedo casarme contigo al menos no ahora. Mientras estabas en Acapulco me enamoré de un muchacho que conocí en la Universidad, y voy a casarme con él."

Warren se ruborizó.

"Alexandra, estás segura que no quieres casarte conmigo?"

"Estoy segura!" Replicó. "Amo a Jules."

Lo acompañó hasta su carro, donde lo espera ba su compañero de misión. Lo abrazó fuertemente y se despidió.

Warren se metió al carro, bajó el vidrio de la ventana y le gritó. "Ya sabes a donde vivo si me necesitas."

Alexandra agitó su mano sonriente.

12

Después de que su padre vino a vivir con ellos, su apariencia deterioró rápidamente. Tenía un aspecto lastimero, se miraba raquítico y decrépito. Su piel había tomado tonos amoratados. No comía mucho y se paseaba como león enjaulado por toda la casa, llorando y recitando poesía, ó se sentaba en el piso del patio hablando consigo mismo ó conversando con la mamá de Alexandra como si ésta aún estuviera viva.

Alexandra ya no lo odiaba. Era mil veces preferible verlo como el tirano y sádico que era antes, que verlo en el deplorable estado humano al cual había llegado donde había perdido todo sentido de dignidad.

Inesperadamente un día, su padre se fué a otras tierras para buscar fortuna. Lo hizo al lado de los vagabundos y borrachos que habitaban el vecindario asiéndose desesperadamente al último recurso que le quedaba para salir adelante no queriendo darse por vencido. Alexandra lo miró con gran pesar y se alejó de él a grandes pasos. Las pocas ropas que les quedaban, y los libros de su escuela ya no desaparecerían, robados por su padre para canjearlos por un trago de alcohol.

Recordando esos días, Alexandra imaginó el peso que su padre cargó cuando se fué. Además de cargar con él el peso de la soledad, llevaba también el peso de la derrota, el de la culpabilidad, de la impotencia y remordimiento al darse cuenta de lo que su vida hubiera podido ser, de haber tomado otras decisiones. Ninguno de ellos, sus hijos, le quiso decir adiós, menos brindarle buen viaje. Todos ellos le culpaban por su desgracia, por la muerte de su madre, y la pobreza en la que se encontraban.

Después de que su madre murió, casi no tenían nada que comer. Su abuelita no trabajaba, los mantenía cosiendo y pidiéndoles prestado a los vecinos quienes motivados por la lástima que inspiraban le prestaban dinero.

En la ciudad de México conseguir trabajo no era asunto fácil.

Nadie quería emplear menores de edad, y sin tener cartas de recomendación de gente importante, las oportunidades de conseguir empleo eran casi nulas. La ciudad de México era inmensa. Le llevaba a Alexandra cerca de dos horas viajando en camión para llegar a la Universidad a tomar sus clases, y dos horas más de regreso. Pero asistir a la Universidad valía la pena. A Alexandra le encantaba ir a la escuela. Desde su salón de clase por los enormes ventanales Alexandra podía ver el valle de México extendiéndose hacia el sur con una belleza inexpresable. Al suroeste, los volcanes Popocatepetl é Ixtlaxihuatl coronaban el escenario como dos inseparables amantes besándose ocultos detrás de las nubes. De acuerdo a la leyenda india, los volcanes eran dos amantes quienes para proteger y eternizar su amor se convirtieron en volcanes custodiando desde su altura el valle, la riqueza, historia y conquista de México que se había desarrollado a sus pies. Era incomparable escuchar las clases al mismo tiempo que sus ojos se llenaban con el esplendor de la naturaleza mientras el sol se ponía en el oeste dejando atrás un toque rosado y dorado en el pasto y en las nubes. Los momentos que Alexandra pasaba ahí eran exuberantes, llenos de aventura, y diversión. Era inigualable escuchar del modo en que se escuchaban aquí los ecos de asombro, voces, risas, alegrías, y esperanzas de estudiantes y maestros conglomerados en este lugar.

13

Inexplicablemente Jules dejó de escribirle. Sus palabras de amor y promesa cesaron para dar lugar al silencio, y Alexandra se sintió angustiada y sola. Se encontraba lavando trastes pensando en las razones que Jules tendría para no escribirle, cuando llamaron a la puerta. Era Nina quién tocaba el timbre. Alexandra, Mariana é Hilda conocieron a Nina en la Iglesia Mormona, y desde entonces se volvieron inseparables.

"Te tengo una sorpresa," Nina dijo entrando con su acostumbrada parsimonia y gesto de conciliación. "Sé la razón porque Jules dejó de escribirte."

"¿Tu qué?" Exclamó Alexandra mirando a su amiga con sorpresa.

"Que sé la razón por la cual Jules dejó de escribirte. Me lo ha dicho."

Alexandra miró atentamente a Nina, quién sonreía con media sonrisa. Nina era delgada y poseía una belleza rara. Su belleza no era unicamente a causa de sus atributos físicos, pues parecía que la irradiaba desde adentro delineando cada una de sus facciones. Estaba enferma del corazón, y cuando hablaba, pronto le faltaba el aire. Nina se había hecho amiga de Jules en una de las fiestas de la escuela, y desde entonces, dada la naturaleza amistosa, perspicaz, y bonachona de Nina se habían convertido en grandes amigos.

"Me mandó una carta explicándome él porqué." Dijo Nina, con gran satisfacción al tanto que sus ojos brillaban sagaces ahora que el enredijo se aclaraba. "Dijo," Nina se detuvo para pensar un momento, respiró profundamente y luego apuntando con su dedo índico como era su costumbre continuó, "que Thomas le escribió para decirle que se había acostado contigo, y que ésta era la razón, por la cual ya no te ha escrito ni quiere casarse contigo ya que lo has traicionado con uno de sus amigos mientras él ha estado en el extranjero." Nina tomó aire un momento y miró a Alexandra. "La carta también dice," continuó, sofocada, casi sin aire, "que lleva recluido en el hospital seis meses curándose de tuberculosis. Bueno, aquí está la carta, ve por ti misma," Nina se sentó dándole la carta a Alexandra y mirándola con sincera preocupación.

Alexandra cogió la carta con mano temblorosa, no queriendo creer lo que había escuchado, y comenzó a leer.

"Ese Thomas!" Nina empezó a decir mientras Alexandra leía la carta, " es increíble lo que ha dicho y hecho para lograr tu amor." La voz de Nina se había endurecido y sonaba baja como un susurro.

Los ojos de Alexandra estaban enormememente abiertos y fijos en la carta reflejando una profunda pena é incredulidad.

"Le voy a escribir explicándole que Thomas está mintiendo," Nina dijo con convicción, "Jules no puede ser tan tonto de creer de ti algo tan bajo."

"No!" Gritó Alexandra herida, "por favor no lo hagas. No sé todavía lo que voy a hacer, pero pensaré en algo."

"Como quieras," Nina dijo caminando hacia la puerta. "Tengo que irme, mi mamá me está esperado. Te veo en la capilla."

"Gracias," Alexandra dijo devolviéndole la carta de Jules. "Gracias por molestarte en venir hasta aquí a notificarme. Te lo agradezco."

Nina no le contestó. Le sonrió unicamente.

Después de que Nina se fué, Alexandra se preguntó como algo así podía haberle pasado a Jules. Primeramente le había ocultado lo de su enfermedad como si ella al saberlo, lo hubiera dejado a causa de su enfermedad. La Tuberculosis no atacaba a cualquiera ella sabía, pero lo había atacado a él, y ahora con las intrigas de Thomas, Jules tenía doble razón para sentirse deprimido.

14

Contrariamente a todo lo que se hubiera esperado, cuando terminó sus clases esa noche, se encontró frente a frente con Thomas. Ó era un cínico ó un perfecto farsante escondiendo las cosas que había hecho. Alexandra lo miró de reojo. Estaba bien vestido. Las chaquetas de cashmere y piel que usaba le sentaban perfectamente al color oscuro de su piel. Quizá era la amplia sonrisa de Thomas lo que causaba el brillo cegador en sus ojos, Alexandra no lo sabía a ciencia cierta, pero esa sonrisa la irritaba. Los estudiantes que salían de clase la empujaron fuera. Pasó rozando a Thomas ignorando su presencia y acelerando el paso a través del corredor y del gentío.

"Alexandra, espera, oye!" Gritó Thomas.

Era evidente que no importando lo que ella hiciera Thomas no iba a desistir. Que buscaba? Se volvió hacia él abruptamente.

"Porque le dijiste a Jules que me he acostado contigo?" Le preguntó furiosa.

Thomas no pareció sorprenderse.

"En el amor y en la guerra no hay reglas Alexandra. Todo se vale," contestó con cinismo y sin vergüenza como si hubiera esperado el momento en que ella le preguntara.

"En el amor y la guerra?" Alexandra repitió sorprendida, "nunca había yo oído algo semejante, nunca imaginé el amor ser una guerra ó como algo por lo que hay que pelear para obtenerlo." Su voz se había vuelto casi imperceptible. Parecía que aún reflexionaba la última frase que había dicho.

"En el amor y en la guerra, el que sigue la mejor estratagema gana. Que no sabías?" Repitió enfático.

"No importa," dijo ella, "lo que hiciste fue una bajeza." Alexandra lo miró enojada mientras bajaba la escalera a grandes pasos, "especialmente, cuando Jules está tan enfermo en el hospital."

"Está Jules en el hospital?" Preguntó Thomas sorprendido, "no sabía que estaba enfermo."

Alexandra no respondió, lo miró con resentimiento mientras continuaron ambos caminando en silencio a través del campo universitario sumergidos cada uno en sus pensamientos.

"Lo hice porque te quiero, entiéndeme?" Gritó exasperado con su silencio asiéndola por la cintura y juntándola a su cuerpo, "Jules está allá, yo estoy aquí. Yo puedo darte lo que necesitas," su voz, sobre la boca de Alexandra sonaba baja é impetuosa.

"No, no puedes darme nada! De hecho, absolutamente nada, eres un mentiroso. No es a ti a quién quiero, quiero a Jules. Ya no vas a verme más. Voy a irme a los Estados Unidos a ver a Jules. Voy a salirme de la escuela."

Thomas la apretó más fervientemente contra sí.

"Estás haciendo un gran error. Que no te das cuenta?"

"Suéltame," Alexandra le pidió fríamente mirándolo a los ojos, "quiero recordarte como un caballero. Suéltame!"

Se le escapó de sus brazos casi sin que Thomas se diera cuenta. Thomas estaba como anonadado. En ningún momento pensó que las cosas terminarían de este modo. Había estado tan seguro de conquistarla. Pero con su canallada solo estaba recogiendo los frutos de su temeridad.

15

Una semana después Nina murió. Cuando Alexandra llegó de la escuela, la mamá de Nina y la hermana de Alexandra la estaban esperando en la sala.

"Espero no interrumpirles la tarde," la mamá de Nina dijo desolada y alarmada, levantándose en cuanto vio entrar a Alexandra. "Mi Nina tuvo un ataque al corazón esta mañana. Se encuentra en el hospital, vine..." los sollozos no la dejaron continuar, "a dejarles saber."

La mamá de Nina tenía como sesenta años. Pelo negro, ojos obscuros, y labios gruesos. Se veía más joven que su edad, pero en este momento se veía mucho más grande, la cara la tenía hinchada y arrugada de pena, un temblor de dolor estremecía su cuerpo. Su hija Nina, además de ser la que sostenía su casa monetariamente, era la única razón por la cual el matrimonio que siempre había estado a punto de romperse no se había roto. La enfermedad terminal de Nina y su bondadosa disposición los había mantenido juntos, incapaces de añadirle a su hija otro dolor.

"Cuánto lo siento. En verdad, cuánto lo siento." Alexandra dijo compungida, abrazando a la mamá de Nina, cogiéndola por el brazo al tiempo que decía, "vamos."

"Abuelita! Abuelita!" Mariana llamó a la abuela, "vamos a ir al hospital con la mamá de Nina a verla, regresaremos dentro de un par de horas."

"Está bien." Contestó la abuela.

En el hospital, en el departamento de cuidado intensivo, dentro de un respirador artificial tenían a Nina luchando su última batalla con la vida. Por la ventanilla del respirador, Alexandra y Mariana deslizaron sus dedos para tocar la mano de su amiga. Nina no podía ya hablar, pero en silencio mirándose a los ojos, mientras de los ojos de Alexandra y Mariana corrían lágrimas, se dijeron por

37

última vez adiós. Al día siguiente Nina fue enterrada de cara hacia el este, de acuerdo al la creencia Mormona, esperando por el día de resurrección de los muertos cuando Cristo venga por segunda vez a la tierra.

Dejaron el cementerio en silencio. Una vez más la muerte había venido inescrutable a recordarles lo efímero que es la existencia. Risa, sueños, movimiento, amor, y continuidad al lado de su amiga muerta se iban desvaneciendo. Alexandra y su hermana levantaron sus ojos al cielo. Una parvada de pájaros cruzaba en ese momento el cielo. Les miraron con asombro. El alma de su amiga estaba quizá como esos pájaros al mismo instante volando hacia otra esfera que de acuerdo a sus creencias religiosas era invisible pero del mismo modo real.

EL VIAJE

Los Estados Unidos de América a los ojos del mundo aparecía como el lugar ideal para hacer fortuna, y los Estados Unidos precisamente era donde Alexandra iba a ir. Su hermana Mariana y su amiga Hilda habían partido hacia un mes. Habían juntado el dinero de sus salarios, y sin pensarlo dos veces habían volado a San Francisco en busca de una mejor vida. Las últimas noticias que Alexandra tenía de ellas, es que habían conseguido trabajo y que tan pronto le enviaran su boleto de avión México seria historia. Sonrió contenta al pensarlo.

Hilda, su amiga no tenía un motivo apremiante de marcharse. Era hija única de una familia bien acomodada. Sus padres se desvivían por complacerla, quizá por esta misma razón había sido motivada a irse teniendo la posibilidad delante de ella de una aventura que disiparía hasta cierto punto la rutina de su vida estable, además de no querer perder si se quedaba la amistad de sus dos mejores amigas.

Por lo que se refería a Alexandra y su hermana, había muchas razones para marcharse. Quedándose en México no había la posibilidad de un gran mañana. Sus sueños de niñas habían quedado sepultados en tristezas y catástrofes que habían acaecido aún ya antes de que su mamá muriera: con los castigos é injustas imposiciones a las que su padre las sometía. Enfrentando la vida en terreno desconocido les ayudaría a olvidarse del pasado y encontrarse a sí mismas. Dada también la precaria situación económica en la que se encontraban, no había otra mejor alternativa a mano. En los Estados Unidos como mucha gente lo había hecho harían dinero y encontrarían la felicidad que hasta ahora había escapado de sus manos.

Renunciar a la escuela fue lo más difícil que Alexandra tuvo que enfrentar. Le encantaba estudiar. Pero los últimos meses que había pasado en la escuela habían sido dificultosos y pesados, especialmente cuando no se tenía nada de comer en el estómago, ó dinero para pagar el pasaje del camión para regresar de la escuela a su casa. En tan precarias condiciones estudiar enfrentando cada día la penuria de no tener dinero para pagar el pasaje del camión que la conduciría hasta la escuela ó a casa, era agobiante. Viviendo de esta manera fue cuando se dio cuenta como la pobreza paraliza a la gente impidiéndoles realizar muchas cosas por la falta de energía y recursos. Y como esta falta de energía y recursos podían fácilmente mal interpretarse por las gentes que no sufren la misma condición como irresponsabilidad y flojera de los pobres.

17

Si vas a los Estados Unidos, no vayas a San Francisco." Monte le dijo, "New York es el lugar ideal para ir. Hay tremendas oportunidades en New York. Te puedo dirigir con un gran amigo que tengo allá," añadió Monte con esa pose sofisticada que asumía mientras inhalaba el tabaco de su pipa.

Monte era uno de los mejores amigos que había hecho en la Universidad. Era delgado y fino. Todo un caballero. Mirándolo y escuchándolo era simplemente muy agradable y ameno. Su voz era ronca y baja, sus modales pausados, su traje inmaculado, el olor de su colonia delicioso, y la bufanda de seda que siempre llevaba alrededor de su cuello le daba un toque único de refinamiento y distinción. Era Francés. Había viajado alrededor del mundo y era imposible para quién lo conocía no reconocer cuán educado y distinguido era.

"Escucha, lleva esta nota a mi amigo, y no tendrás ningún problema. Le he dejado saber que tú, tu hermana é Hilda van a llegar a su casa. Franz es como mi hermano. El te ayudará, se lo voy a pedir." Tomó un pedazo de papel al tiempo que hablaba escribió unas cuantas palabras en el, y después se lo entregó.

"No sé como agradecerte," Alexandra dijo.

"No hay problema, lo haría por ti una y otra vez, ya me conoces. Somos amigos, para eso están los amigos, para ayudarse uno al otro." Se levantó, vino junto a ella inhalando su pipa, "cuídate mucho, y mándame una nota cuando llegues allá."

"Sí, lo haré," se levantó y lo abrazó.

"Cuídate, oíste?" Sonrió y la besó en la mejilla.

"Sí, sí. Lo haré," dijo besándolo también, despidiéndose.

Irma Noriega

18

Obtener el pasaporte y visa para entrar a los Estados Unidos no fue gran cosa, unas cuántas horas nada más. Dejar México era un hecho ya. El viaje en camión hasta su casa lo pasó como entre sueño. Empacó unas cuántas cosas al llegar, besó a su abuelita, hermanos, y hermanitas al despedirse, y eso fue todo. Su equipaje no era mucho, había empacado pocas ropas, llevaba $30.00 dólares en el bolsillo, y su pasaje de ida a New York, no había más. En la vida había que arriesgar, ganar, ó perder, y lo que más deseaba era ganar.

La voz emitida a través del micrófono interrumpió sus pensamientos.

"Delta Internacional anuncia la partida del vuelo número 18 Pasajeros con destino a New Orleans sírvanse abordar el avión por la puerta C."

Su corazón comenzó a latir desaforadamente. Jules residía en New Orleans! Sería cuestión de horas para que lo viera otra vez desde hacía un año que se había ido. Cargando su maleta caminó deprisa a través de los amplios pasillos siguiendo a la muchedumbre. Los aeropuertos eran lugares muy interesantes, peculiares, y llenos de única emoción. Un buen observador no podía ignorar la evidente euforia. Los aeropuertos no cabía duda eran un pequeño y distinto mundo dentro del mundo.

La emoción que sentía iba en aumento. Abordó el aeroplano, tomó en el asiento, y unos minutos después el aeroplano despegó. Después de un rato, miró por la ventanilla. Las nubes estaban abajo de ellos, blancas, hermosas y brillantes como inmensos pedazos de algodón flotando en el límpido cielo.

Irma Noriega

19

New Orleans era una ciudad de encanto, calidez y ritmo, de exuberante vegetación y clima, con 90 grados de humedad, y un permanente aroma a lluvia y plantas mojadas. Alexandra que recordara jamás había visto a tantos negros juntos. Tal vez unicamente los había visto en películas. Sin más, caminó resueltamente hasta la Oficina de Aduanas. Ahí, el oficial de Inmigración le dio la bienvenida a los Estados Unidos estampándole en el pasaporte la visa de permiso y entrada. Ella le dejó saber que había venido de vacaciones. Ni por un poco había sospechado que venía para quedarse. Le dio las gracias al oficial amablemente y de ahí se encaminó a recoger su equipaje.

Afuera del aeropuerto el sonido de los grillos era tan intenso como el calor que hacía. Varios taxis estaban estacionados por la puerta principal en espera de pasajeros, sin vacilar ni un segundo se dirigió a uno de ellos.

"A Bridge City, por favor."

El taxista volteó a mirarla con curiosidad. Era un hombre alto, gordo, y oscuro. Sus inmensos ojos en la oscuridad de la noche parecían brillar como dos linternas.

"Bridge City, es un pueblo de negros," dijo, "estás segura que es ahí a donde quieres ir?"

Su corazón latía aceleradamente.

"Esta es la dirección," contestó dándole al hombre un pedazo de papel con la dirección, "es lejos?"

"No, no está lejos," dijo el hombre mirando el pedazo de papel, y luego volteando a verla, "quince minutos después de cruzar el río."

Le quitó el equipaje que traía en las manos al mismo tiempo que abría la puerta del taxi para que ella entrara, "muy bien," añadió cerrando la puerta y empezando de inmediato a tararear.

Las lámparas que alumbraban las calles reflejaban su luz sobre la superficie del río Mississippi semejando luminosos diamantes. En ese instante dos barcos navegaban por su cause, transportando mercancía para descargarla en el puerto. La vista era magnífica New Orleans era desde tiempo inmemorial uno de los más importantes centros de comercio además de ser un lugar lleno de Historia.

"Aquí es," dijo el taxista dando vuelta hacia la derecha é interrumpiendo el silencio. "Aquí es Bridge City. Necesitamos buscar la dirección."

El puñado de niños negros que jugaban en medio del camino polvoriento interrumpieron su juego sorprendidos y comenzaron a correr atrás del taxi. Había una hilera de casas viejas de uno y otro lado de lo que parecía ser la calle principal. Uno, dos, tres bares en el cruce de dos calles donde unas cuántas mujeres negras y hombres negros estaban platicando, riendo, bailando y tomando cerveza en las escalinatas.

"Es una muchacha blanca! Es una blanca!" Gritaron los niños, señalándola con el dedo y viéndola con recelo al momento que el taxi se detuvo.

"Hush.. Váyanse de aquí!" Dijo el taxista saliendo del carro, recogiendo su equipaje, y abriendo la puerta para dejarla salir. "Vamos váyanse!"

Los niños se echaron a correr en varias direcciones y se pararon a cierta distancia.

Alexandra le pagó al taxista y este se fué de inmediato. De los distantes bares la música de James Brown se podía escuchar claramente. Alexandra miró a su alrededor por un minuto sin saber a donde dirigirse, y luego hacia la casa que tenía enfrente. Tenía miedo. Los niños y algunos adultos que habían salido de sus casas con el ruidero que hacían los niños se encontraban también a corta distancia de ella mirándola. Alexandra se dirigió a la puerta y tocó con timidez. Una mujer negra y sin dientes abrió la puerta y la miró sorprendida.

"Se encuentra Jules en casa?" Alexandra preguntó, y apresurada sin esperar la respuesta de la vieja, explicó, "he venido de México, soy amiga de Jules. Acabo de llegar a New Orleans."

La mujer no le contestó. Dejó la puerta abierta y sin decir nada se volvió adentro de su casa. Dos ó tres minutos después, que le parecieron más que bien eternidad, Jules apareció en la puerta mirándola con timidez.

"Pasa," dijo quitándole el equipaje de las manos, "que te trae por aquí?"

"Vine a verte." Alexandra dijo quedo yendo atrás de él.

La casa por dentro estaba limpia y era modesta. La vieja sin dientes se encontraba sentada en la sala con otras dos mujeres viejas y gordas que veían televisión. Al pasar por la sala, las mujeres voltearon a mirarlos, dijeron algo entre ellas, y soltaron la risotada.

"Es una amiga," Jules se dirigió a ellas amablemente y continuó caminando hacia su cuarto. Era obvio que estaba nervioso.

"Te voy a llevar a casa de mi hermana. Ella vive a una cuadra de aquí. Aquí no puedes quedarte."

La recámara de Jules estaba iluminada unicamente por una pequeña luz que Jules tenía a un lado del tocador que mantenía la habitación en penumbra. Todo estaba en orden y muy limpio como si recientemente se hubiera limpiado y desempolvado. Nada era elegante. Jules tenía un pequeño radio, un reloj despertador, una cama matrimonial, unos cuántos libros alineados sobre el tocador, una fotografía de Jesucristo adornaba la cabecera de la cama.

La foto que se habían tomado juntos como emblema de su amor, antes de que Jules se regresara a los Estados Unidos, estaba sobre el bureau. El ambiente era húmedo y hacía mucho calor en la recámara, y el corazón, le estaba doliendo y temblando.

"Vamos," dijo Jules, tomándola de la mano y recogiendo su cartera.

"Okay," contestó.

En la calle, mientras caminaban, los niños comenzaron a seguirles señalándola y gritando "no queremos blancos aquí! No queremos blancos aquí!"

"No te preocupes," dijo Jules notando su preocupación, "los conozco a todos. No van a hacerte nada. Hush. !" Se volteó hacia ellos enojado.

Al final de la calle, la hermana de Jules estuvo contentísima de conocerla, sin embargo, se veía tan apenada como Jules se había visto en cuanto la vio parada afuera la puerta de su casa.

"Estoy encantada de conocerte, niña." Le dijo, "Jules no ha cesado de hablar de ti."

"De veras?" Preguntó.

La hermana de Jules estaba casada. Su casita era más pequeña que la de Jules y mucho más vieja. Unicamente dos cuartos que estaban divididos por una pequeña cortina. No le tomó mucho tiempo para darse cuenta que eran muy pobres. Tenían una cama matrimonial en el cuarto de entrada, una maquina de coser en una esquina, y en la otra una pequeña televisión sobre un banco. En la cocina no había más que una mesa en mal estado, una estufa, un fregadero para lavar trastes, dos sillas y un teléfono montado en la pared. No había cuarto de baño.

"Nosotros dormiremos en el suelo de la cocina, para que tu puedas dormirte en la cama," la hermana de Jules le indicó, "hace mucho calor aquí, y tenemos muchas cucarachas. Cucarachas enormes, niña, espero que no te incomode."

Alexandra sintió una gran ternura hacía ellos, no, no le incomodaba. Todo era tan diferente de como había esperado. Nunca había imaginado que vería esta pobreza. No en los Estados Unidos. En cuanto a Jules, no había dicho una palabra más unicamente "buenas noches," y se había retirado.

"No tenemos baño," Bella le explicó disculpándose mientras Willie su esposo, sonreía nerviosamente frotándose las manos. Alexandra volteó a verla. "Tenemos una bacinilla. Aquí está en caso de que la necesites," Bella continuó, señalando hacia la esquina. "Discúlpanos."

"Por favor, no te preocupes. Te estoy quitando de dormir en tu cama. No necesito nada más, gracias," Alexandra dijo lo más cortés que pudo, "buenas noches."

"Buenas noches, niña."

La cortina que dividía los cuartos era una sábana. Se metió en la cama, y trató de dormir. A través de la pared, aún podía oír el ruido ensordecedor de los grillos que parecía ir en aumento con el silencio de la noche.

El lejano silbido de un tren aproximándose la despertó. No tenía idea que hora era, pero miró por la ventana. La luna brillaba con esplendor en lo alto del cielo. El silbido del tren se acrecentaba momento a momento, causando vibraciones en el suelo. El cantar de un gallo, se oyó en la distancia, luego todo quedó en silencio otra vez.

Irma Noriega

20

Cuando Alexandra se levantó la siguiente mañana, Bella estaba preparando ya el desayuno. Su esposo se había ido temprano a trabajar, y sobre la mesa en una charola tenía recién preparados "hot cakes" y leche servida en vasos.

"Buenos días, niña, siéntate a desayunar," la miró sonriendo.

Su figura flaca contrastaba grandemente con su enorme estómago. Estaba embarazada y pronto se veía iba a dar parto.

"Te traje un pequeño regalito, Bella," Alexandra le dijo extrayendo de su maleta una pequeña caja terminando su desayuno.

"Para que te molestaste?" Bella dijo emocionada desenvolviendo el regalo, "Oh! Que precioso es esto!" Se levantó feliz extendiendo el camisón de dormir encima de su cuerpo. "Algo así era precisamente lo que quería."

"Va a quedarte de maravilla, me alegra que te haya gustado."

"Me lo voy a poner en la noche para Willie," le dijo guiñándole un ojo.

"Me alegro!" Alexandra reiteró, yendo hacia la puerta. "Quiero ir al centro. A donde queda la parada del camión?" Preguntó.

"Puedes tomarlo en la esquina," Bella informó, señalando hacia el lado este de la calle. "Te lleva directamente a New Orleans. Me gustaría ir contigo, pero no puedo, tengo que ir al doctor en cosa de una hora, y no puedo faltar."

"No te preocupes," Alexandra respondió, "yo lo entiendo. Yo puedo ir sola, no hay problema. Regreso en unas horas." La besó despidiéndose, cogió su bolsa, y se dirigió a la puerta.

"No te olvides de llamarme si tienes problemas." Bella le aconsejó.

"No, no se me olvidará. Hasta luego."

"Adiós, niña."

Afuera el cielo estaba límpido y azul. Unas negros que caminaban por la calle al pasar la saludaron. No había ninguna gente blanca en el área. Tomó el camión, pagó su pasaje y fué a sentarse en la parte posterior mirando ausentemente hacia afuera.

"Señorita," el conductor del autobús había detenido abruptamente el camión dando gritos. "Ud. no puede sentarse ahí atrás," se veía sumamente contrariado, "esa parte es para los negros."

"Oh," Alexandra dijo, confundida sonrojándose y cambiándose hacia el frente del camión, sin saber todavía el porqué.

El conductor le dirigió una mirada terrible en cuanto se sentó adelante, al tiempo que echaba de nuevo a andar el camión convencido de que había cumplido con su deber.

Los cuatro hombres negros que iban viajando en el camión junto con ella no se movieron, continuaron con las cabezas cabizbajas mirando al suelo. Alexandra sintió como si el filo de una navaja le cortara el corazón. Había escuchado cosas como éstas, pero no era lo mismo oírlas que experimentarlas.

A la luz del día el pueblito que iba quedando atrás se veía más pobre y pequeño. Con ojos perplejos se quedó mirando al conductor. Era un hombre de mediana edad, de pelo claro y de ojos azules. El monótono sonido del motor se confundía con el sonido de mosquitos, escarabajos, y avispas que volaban afuera en todas direcciones y sobre los montones de flores que crecían por doquier. Un par de años más y correría el año 1970, era el tiempo de los Beatles y muy cerca de la conquista de la Luna. Como era posible que esta clase de discriminación todavía existiera, haciendo a un lado las peticiones del Acto Civil que proclamaba la igualdad humana, y cuyo intento había sido suprimir actos barbáricos como este?

Respiró profundamente. Las diferencias raciales no eran en New Orleans tan turbulentas como en otras ciudades, Bella le había dicho. Sin embargo era tan difícil para Alexandra el entender como había gente aquí y allí que pudiera separar y despreciar a otros por cuestión de su color, cuando la virtud y el valor humano no eran exclusivos de cierta raza ó color.

La arquitectura Española y Francesa del Vieux Carre era estupenda. Edificios del tiempo colonial de dos ó tres pisos con balcones y patios de piedra labrada daban al lugar una extraordinaria belleza y peculiaridad. Galerías de Arte, tiendas de curiosidades, cafés al lado de la calle, night clubs, y docenas de enredaderas y flores conglomerados ahí daban al lugar casi un toque mágico.

La Catedral de St. Louis en medio de la plaza sobresalía en medio de todo como un fascinante monumento erigido al Creador. Caminó embelesada admirándolo todo. Dos docenas de gaviotas echaron su vuelo al cielo chirpeando, cuando pasó junto a ellas, las plateadas alas agitándose en el cielo brillaban con intensidad con la luz solar.

Caminó alrededor de la fuente metiendo su mano en el agua, luego se detuvo oyendo con atención las notas musicales del Dixieland que parecían saturar el aire de esta bellísima ciudad donde negros y blancos parecían convivir en paradójico contraste.

"Niña," Bella le dijo en cuanto regresó, "le he pedido a la dueña de la tienda, que te deje bañar en su casa. Ella es la persona más rica en el pueblo, y la única que tiene baño en su casa." Su tono era bajo.

"Gracias." Alexandra le contestó, "no te preocupes por mí. Me iré de aquí mañana."

El baño de la hermana de Jules estaba afuera. Era un pequeño cuartito de madera con un hoyo en el suelo que compartía con varios de los vecinos.

"Vamos de todos modos," Bella insistió, "sé que tú no estás acostumbrada a estas cosas."

Tenía razón, no, no estaba acostumbrada, en México, antes que su padre comenzara a tomar eran ricos, después con su tomadera se volvieron pobres, tan pobres que algunas veces no tenían para comer más que un pedazo de pan en todo el día, pero ellos siempre tuvieron a su disposición un baño con agua caliente en donde bañarse, y con escusado.

Irma Noriega

21

La señora Jackson, tenía una casa grande y los labios más grandes que Alexandra había visto. Era corpulenta, como de cincuenta años, y estaba exageradamente vestida. Su maquillaje era extremo, y cuando les abrió la puerta mascaba chicle.

"Pasen," dijo con una sonrisa de satisfacción, "el baño está aquí. Por favor sígame."

Alexandra la siguió en silencio. Los ademanes de señora Jackson eran solícitos y afables. Era obvio cuán orgullosa estaba de la posición de importancia que tenía en la comunidad, y cuán inusual era para ella el haber sido solicitada para dejar que una persona blanca se bañara dentro de su casa.

"Gracias," Alexandra le dijo un poco cortada por lo extraño que todo le resultaba, "no sé como agradecerle."

"Oh, no es nada," contestó orgullosamente, al mismo tiempo que sonreía con inmenso placer abriendo de par en par un pequeño closet, "aquí están las toallas, el shampoo, la crema, y el jabón. Coge lo que necesitas." Caminó hacia la puerta con aire de superioridad, balanceando las caderas y los brazos de los cuales colgaban innumerables brazaletes y pulseras.

Dentro del closet, media docena de toallas junto con todos los implementos necesarios para darse un buen baño estaban arreglados con cuidadoso orden. Cogió lo que necesitaba, se desvistió, y saltó en la regadera. El agua fría en su cuerpo fue un alivio para su cuerpo, le ayudó a refrescarse y descansar.

Irma Noriega

22

Cerca de las 8 p.m. Jules vino a verla. Se mirada tímido. Todavía sin atreverse a verla a la cara. Se paró en una esquina del cuarto de su hermana viendo hacia el suelo. Ya no estaba enfermo, se había recuperado prontamente de su enfermedad y los doctores le habían dejado salir del hospital después de ocho meses de tratamiento.

"Si quieres te puedo llevar a pasear a algún lado," interrumpió el silencio un poco cortado, "podemos ir al cine y luego a comer."

Alexandra sonrió satisfecha caminando hacia donde él estaba y cogiéndolo de la mano.

"Por supuesto que quiero." Dijo, "vamos." Era lo que más había estado esperando desde el momento que llegó a New Orleans.

Jules estacionó su carro enfrente del cine y le pidió que esperara. "Espera un minuto." Le dijo, "voy a ver si te dejan entrar."

Jules corrió al otro lado de la calle, y casi inmediatamente regreso. "Vamos," dijo, "no hay ningún problema."

La película era interesante pero no se sentía a gusto. No estaba acostumbrada a encontrarse en lugares que segregaban a la gente por el solo hecho de tener obscura la piel.

La sala de Cine era vieja y pequeña. Todo en penumbra alrededor, y de cuando en cuando estruendosos aplausos que la audiencia daba mientras veían la película.

Durante la película Jules le tomó de la mano en un silencioso gesto de reconciliación. No era gran cosa, pero para ella fue como si le hubiera dicho miles de palabras de promesas y amor.

Cuando la película terminó, Jules la llevó a un motel en el mismo distrito Negro, y ahí, sin besos y sin ninguna palabra de amor, la hizo suya. Cuando todo terminó, la llevo de regreso a casa de su hermana. El viaje de regreso lo hicieron en silencio, cada uno envuelto en sus pensamientos sin mirarse.

"La sangre es un signo de pureza." Le dijo, mientras la poseía con fuerza en la oscuridad. El dolor físico que sentía la hizo hacer a un lado la desilusión que le causaba. Sin decir palabra, se levantó y fué directo a tomar una ducha. Le dolía todo el cuerpo.

En la madrugada el canto de los pájaros anunciaba la salida próxima del sol, del nuevo día, y del acaecer.

Alexandra se bajó del carro de Jules y entró sigilosamente adentro de la casa. Empacó sus cosas sin hacer ningún ruido evitando pensar en lo que había pasado. Tres horas después Jules regresó a recogerla para llevarla al aeropuerto. New York era su siguiente puerto.

En el aeropuerto Jules se mantuvo distante. No le habló mucho, ni la miraba de frente. Sin embargo a pesar del desaliento que había sentido en sus brazos, Alexandra estaba convencida de que un indestructible lazo ahora les unía.

Más pronto de lo que ella quería llegó la hora de marchar. La hermana de Jules la abrazó fuertemente, y Jules, extendió la mano en mudo gesto de adiós. Alexandra se apresuró hacia la puerta por donde iba a abordar el avión volteando la cabeza hacia atrás de cuando en cuando hasta que ya no pudo verles. Después de un rato, ya sentada confortablemente en la cabina, las espesas nubes vistas desde el aeroplano semejaban una plataforma dorada donde su alma impulsada por su belleza corría a besar en ellas el sol.

Miró hacia el futuro con esperanza. La vida era espléndida Los aplausos de los pasajeros cuando el avión aterrizó terminaron con sus pensamientos. Cogió su maletín de viaje y siguió a la muchedumbre que como gigantesco río humano se movía por el pasillo. Apretó en su bolsillo la carta que Monte le había dado, salió del aeropuerto, y cogió el taxi más cercano. El taxista aceleró rápidamente por la calle dejando el aeropuerto Kennedy atrás.

23

Viniendo del aeropuerto Kennedy la ciudad de New York podía verse con claridad al otro lado del puente Brooklyn. Manejando por el viaducto del lado este, la vista era colosal. Los inmensos rascacielos parecían confundirse con el cielo, y hacia la izquierda, la estatua de La Libertad parecía emerger del agua extendiendo su mano de bienvenida como un recordatorio de libertad, oportunidad, y del inextinguible fuego de la esperanza humana.

Un jorobado negro con grandes ojos y sonrisa amplísima abrió la puerta mirándola con de sorpresa.

"Estoy buscando al Señor Bourdeaux," Alexandra dijo con vacilación, "acabo de llegar de México. Soy amiga de Monte. Le conocí en la Universidad de México."

"Yo soy el señor Bourdeaux," dijo el jorobado poniendo su mano en el hombro de Alexandra invitándola así a pasar, mientras que su mano libre recogía su maleta.

"Siéntate," le dijo sonriendo, tomando asiento junto a ella y mirándola con marcada atención.

Él parecía ser una persona muy amable y considerada así que los temores que la habían asaltado se disiparon, y por el contrario, se sintió con la confianza de saber que había llegado a un buen lugar.

"Gracias," le contestó, sacando la carta que llevaba para darle, "esta carta es para ti."

El jorobado leyó la carta sin decir palabra, mientras apoyaba una de sus manos sobre la barba. Mientras leía, ella tuvo tiempo de observarlo. Sus facciones eran dulces y bellas, su sonrisa abierta y franca. Él podía ser muy atractivo si fuera alto, pero tenía esa enorme joroba que deformaba su cuerpo.

De pronto, el jorobado interrumpió su lectura para preguntarle.

59

"Monte, menciona aquí que tienes una hermana y una amiga. Dónde están?"

"Por el momento se encuentran en San Francisco, pero quedé de llamarles en cuanto yo llegara a New York para ellas reunirse aquí conmigo."

"Ven," le indicó el jorobado levantándose del asiento que había ocupado y yendo por el pasillo, "para que puedas ver cual va a ser tu recámara."

Alexandra se levantó y le siguió. Él la tomó de la mano.

"No sé si lo sepas," el jorobado le explicó, "pero Monte y yo somos como hermanos. Te va a encantar vivir en New York. New York es un lugar muy estimulante. Ya lo vas a ver."

Abrió una puerta que se encontraba a la izquierda del pasillo y se metió por ahí.

"Tu hermana, tu amiga, y tú pueden dormir aquí," dejó su maletín sobre el suelo cerca del closet añadiendo, "así que por favor, siéntete en casa." Se dirigió hacia afuera, sin embargo como habiendo olvidado algo se volvió, "a propósito," dijo, "vivo con mi prima. Ella es la encargada de cuidar la casa. Ella no está aquí ahora. Mañana te llevaré a obtener tu tarjeta de Seguro Social, sin ella no puedes encontrar trabajo."

"Gracias," Alexandra le dijo dudosa, "estoy nerviosa de ir a pedirla."

"No te preocupes," el jorobado le aseguró. "La única cosa que te pedirán es por tu pasaporte, y ese lo tienes, no es así?"

"Sí, sí," contestó.

"Bueno," dijo, "te prometo que mañana tendrás tu tarjeta de Seguro Social, vas a ver." Con esas palabras dio por terminada la conversación, se dirigió sonriente como previamente había hecho hacia afuera de la habitación, salió de ella, pero cerrando esta vez la puerta tras sí.

Tan pronto la dejó sola, Alexandra se sentó en la orilla de la cama y miró alrededor del cuarto. Era una habitación grande y limpia. La cama matrimonial embellecida con una preciosa colcha color azul marino, sobre el pequeño bureau había un teléfono blanco y un reloj plateado, sobre el tocador hacia la derecha había un precioso florero con gardenias frescas, una lámpara elegante, y una pintura intrigante en la pared. Cerró los ojos. Las experiencias por las que recién había pasado la habían dejado exhausta, su cabeza parecía darle vueltas. No había tenido tiempo de analizar los acontecimientos con detalle, pero de inmediato podía deducir cuán engañosas son las apariencias. Cuán diferente la gente es de lo que a primera vista se ve, y cuán diferentes son las cosas de lo que aparentan ser. Pensaba en esto a razón de su visita en New Orleans, las experiencias que había pasado ahí, y ahora, su encuentro con el señor Bourdeaux. No había duda que era un enano, pero no había duda también de que era un gigante en su corazón. Solo unos minutos habían pasado, cuando escuchó unos pequeños toquidos en la puerta de la habitación, "Alexandra, puedo entrar?" El señor Bourdeaux dijo atrás de la puerta.

"Pase," dijo Alexandra levantándose y pasando una mano sobre su pelo.

"Esta es mi prima Mimi." Dijo con mucha alegría el señor Bourdeaux al tiempo que abría la puerta sonriendo con la misma placentera y amplia sonrisa que ya había visto antes. "Esta es Alexandra," explicó a Mimi, quién no parecía estar tan contenta como el señor Bourdeaux con su presencia, "Monte la envió. Son amigos. Ella, su hermana, y su amiga van a quedarse por un tiempo con nosotros."

Mimi no la saludó. No parecía amigable. Murmuró entre dientes algo en "Patois" el dialecto Haitiano, conocido como "Cróele." Miró a Alexandra fríamente, sin sonreír. Llevaba puesto un vestido de vivos colores, y su pelo estaba escondido atrás de la pañoleta floreada. Era muy morena, chaparra, y muy maciza. Su cabeza era redonda, y unos ojos descomunales las ojeras que rodeaban sus ojos eran casi negras tan diferentes del resto del tono de su piel que parecían superpuestas como un antifaz. Otra vez murmuró algo entre dientes al señor Bourdeaux, se volvió y salió de la habitación.

"No te preocupes, ella es buena," dijo el señor Bourdeaux justificándola, "ella no habla Inglés muy bien, pero le caíste bien."

Alexandra estaba convencida de que no le había caído bien, pero por el momento estaba muy cansada y no quería pensar en nada. Le sonrió a medias al señor Bourdeaux que salía en esos momentos de la habitación dejándola sola otra vez. Un poco después se quedó dormida.

24

La oficina del Seguro Social estaba retacada de gente. Haciendo un ruidero espantoso las gentes que estaban formadas en las dos líneas esperaban con impaciencia su turno para llegar a la caja donde recibirían la tarjeta de Seguro Social. Alexandra estaba temblando de miedo, pero sus temores fueron infundados. No encontró ningún problema. Cuando salió del edificio un poco más tarde, como el señor Bourdeaux le había señalado, tenía su tarjeta de Seguro Social. El señor Bourdeaux le sonrió con alegría.

"Te dije que no habría ningún problema. Lo único que necesitas ahora es conseguir trabajo." La cogió de la mano amigablemente, se puso su sombrero, y silbando se encaminó con ella hasta la parada del metro.

"Te mostraré a donde trabajo," dijo dejando de silbar, "cuando lleguemos ahí, te mostraré como ir de un lado a otro en el centro."

"Bien." Alexandra asintió.

Los túneles del metro eran húmedos, viejos, y obscuros. El sonido de los trenes aproximándose era ensordecedor, la vibración y ventarral que estos producían al aproximarse a la estación daban la impresión de un terremoto que echaría en cualquier momento la construcción abajo. Casi tan repentinamente como el estruendo había aparecido, del mismo modo cuando el tren se paró, un río humano se abalanzó apresurado a salir del tren mientras otro río humano se apresuraba a entrar.

"Pronto," Mr. Bourdeaux le gritó como si nada, acostumbrado al ajetreo de los trenes, "salta adentro."

Saltó adentro del tren nerviosamente lo más rápido que pudo. Adentro del tren la mayoría de la gente leía el periódico, y otros, con ojos ausentes parecían idos, aletargados quizá por el ruido y el vaivén del tren que corría a toda velocidad por los subterráneos.

El señor Bourdeaux trabajaba en una de las mayores firmas de New York encargado del departamento de computación. El edificio era enorme además de ser lujoso y elegante. Las puertas principales eran color dorado, y en los corredores, bellos candelabros colgaban de los cielos. Los suelos estaban cubiertos con carpeta acojinada, las paredes con pinturas extravagantes, las estancias con floreros, y otros adornos que lo embellecían. El portero que estaba parado en la entrada, así como también todos los que se encontraban a su paso lo saludaban amistosamente; saludo que era reciprocado por el señor Bourdeaux con la mejor de las sonrisas al tiempo que con una mano levantaba un poco el sombrero que llevaba puesto, y con la otra, balanceaba el bastón que cargaba consigo a todos lados.

Se notaba que todos lo querían. A pesar de su deficiencia física, para él no había quejas. El mundo para él era un lugar extraordinario y feliz.

"Alexandra," el señor Bourdeaux detuvo sus observaciones, "hay varias agencias de empleo por aquí cerca. Las calles están numeradas. No hay modo de perderse. Te veo aquí de nuevo a la una de la tarde para tomar el almuerzo. No creo que tengas problema."

"No, no te preocupes. No voy a perderme. Gracias por todo. Te veo entonces a la una aquí." Lo besó en la mejilla dos veces y fué hacia abajo.

Afuera, ya en la calle, no pudo evitar voltear hacia arriba. La altura de los edificios era tanta que a duras penas los rayos del sol se filtraban en medio de ellos. Estaba en New York! Que encanto! Se sentía satisfecha y feliz con deseos de volar al mismo cielo que ahora apenas alcanzaba oculto por la altura de los edificios.

Mientras caminaba por las calles sentía dentro de sí un gran entusiasmo y seguridad. Nada que pudiera intentar ó hacer le parecía difícil de lograr ahora que había venido de tan lejos aquí a este lugar. Recordó de pronto a Jules. Su callado adiós, y por un momento su corazón se estremeció lleno de repentina duda, pero desechándola, caminó con seguridad otra vez diciéndose que todo saldría bien, convencida de que Jules muy pronto le pediría matrimonio. Tendría solo que esperarse un poco.

En la agencia de empleo la encargada de seleccionar los candidatos de empleo, una señora sonriente y de pelo rubio, le estaba informando que había pasado la prueba de aptitud.

"Cuándo puedes comenzar?" Le preguntó la mujer de pelo rubio.

Alexandra llena de sorpresa no podía creerlo. Antes de responder respiró profundamente para reponerse y oírse natural.

"Cuando Ud. lo diga." Dijo.

"Que tal mañana?

"Hecho" Alexandra confirmó llena de entusiasmo. "Gracias."

"Muy bien," la mujer añadió, dándole unos papeles, "este es tu horario de trabajo. Esta es la dirección, y este es el nombre del supervisor al que te vas a reportar tan pronto que llegues ahí. Dile que yo te he enviado. Esta es mi tarjeta. Buena suerte."

"Gracias." Alexandra respondió amable. Le dio las gracias otra vez, dijo adiós y salió.

Al final de la calle tomó el metro, se bajo en Times Square, y de ahí como fue instruida por la mujer caminó dos calles hacia el este por la calle 42.

El hotel a donde iba a trabajar era lujoso é inmenso. Estaba en la esquina de Madison y la calle 42, en una de las zonas más transitadas de New York, el inmenso lobby conectaba con la Estación Central de Trenes donde la gente emergía de todos lados. No salía de su asombro, había conseguido el trabajo sin dificultad, todo mundo había pensado que era Judía, nacida en Nueva York, y ella no lo había negado. No podía esperar en notificarle lo que había pasado al señor Bourdeaux.

Al día siguiente por la tarde llegaron a New York su hermana Mariana y su amiga Hilda. Y dos semanas después también ellas fueron contratadas para trabajar en un hotel. Monte había tenido razón. Alexandra pensó. New York es el lugar ideal para cualquiera que quisiera emigrar a los Estados Unidos a trabajar.

Irma Noriega

25

La música del bar Haitiano a donde el señor las había llevado era dulzona y sensual. Se encontraba en penumbras alumbrado con lamparitas rojizas que adornaban las mesas. Innumerables parejas bailaban y cantaban rítmicamente pegadas unas a otras al son dulzon de la canción.

El señor Bourdeaux estaba feliz sus inmensos ojos tenían una deslumbradora luz, sonriente como siempre las presentaba aquí y allí a todos los amigos Haitianos que se acercaban a saludarle amistosamente tan pronto le veían.

"Wishey para todos, por favor," el señor Bourdeaux dijo sonriendo al tiempo que dejaba su bastón a un lado de la mesa que tenían reservada exclusivamente para él.

El club Haitiano estaba en la avenida Broadway. Broadway dividía la isla de Manhattan en dos separándola en dos distintas áreas Este y Oeste. El club estaba elegantemente decorado en color rojo. Las mesitas adornadas con bonitos manteles y lamparitas con velas. La banda formada de Haitianos estaba en una de las esquinas. Alexandra se sentía un poco mareada oyendo la música y viendo el fervor contagioso que parecía emerger de todos lados. Cerró sus ojos momentáneamente. Jules apareció en su mente, la envolvía en sus brazos y la besaba con ese ardor que la volvía un poco loca, produciéndole llamaradas dentro de su alma.

"L amour ce la vie! Ne ce pas?" El Haitiano que bailaba con ella trataba de abrazarla apasionadamente.

Alexandra sonrió graciosamente, lo empujó separándole tratando a la vez de no ofenderlo, y después habló y habló con él de todo lo que en ese instante llegaba a su mente para distráelo de su intento de conquistarla. A pesar de que su pareja de baile no cesaba con su intento de conquistarla, Alexandra se estaba divirtiendo en grande. Le encantaba bailar y dejar toda su sensibilidad expresarse en los movimientos felices y rítmicos. En la penumbra había buscado con los ojos a su hermana y su amiga. Como ella también se divertían. Bailaban como todos los demás con la alegría contagiosa de la música, y los cánticos de todos los presentes los cuales parecían acrecentar al correr de la noche. Todas las fiestas Haitianas eran así, Alexandra oyó a alguien decir, momentos de euforia y de cadencia inigualable en los que se compartía romance, pasión y diversión.

26

Cuatro semanas después de haber llegado a Nueva York, el señor Bourdeaux tocó la puerta de la recámara muy temprano en la mañana. Tenía una mirada grave y circunspecta, poco usual en él.

"Van a tener que mudarse," comenzó con vacilación, recargándose en el tocador, "mi prima Mimi no quiere tenerlas ya más aquí. Siento pedirles esto, pero no me queda otra alternativa."

"Lo entendemos," Alexandra contestó con pesar tratando de ocultar el temor que se había apoderado de ella y mirando rápidamente a su hermana y a su amiga. "Nos has ayudado más que suficiente. Es difícil tener que mantener a tres personas más."

"No es eso," dijo con tristeza, "es Mimi. Creí que le caerían bien, pero no es así. Ella es un poco rara."

Él tenía razón. Desde que llegaron Mimi las había mirado con recelo. Cada día tan pronto llegaban a la casa, Mimi se metía a su cuarto, azotando la puerta con enojo y murmurando entre dientes cosas en "Cróele."

Mimi parecía estar celosa de la atención que el señor Bourdeaux les daba, por el hecho de haberlas traído a vivir ahí.

"Sé que les va a resultar muy difícil mudarse sin previo aviso," el señor Bourdeaux continuó, "así que he arreglado que se cambien por unos días con un tío que tengo en Brooklyn, mientras consiguen un lugar donde vivir." Parecía muy triste y apesadumbrado por la situación. "No les pediría que se fueran, pero Mimi siempre ha cuidado de mí, y no puedo oponerme a sus deseos. Uds. entienden mi posición no es verdad?" Se levantó y vino hacia ellas dando palmadas en sus hombros.

"Franz, ya basta." Alexandra dijo, "Entendemos bien. Gracias por hablar con tu tío y pedirle que nos deje quedar en su casa. No tenemos otro lado a donde ir."

"Cuándo quieres que nos mudemos?" La hermana de Alexandra interrumpió abriendo el closet y sacando las maletas.

"Les llevaré a su casa esta tarde después de que regrese del trabajo. Mi tío las está esperando." Replicó mirando su reloj. "Bueno," añadió, " se hace tarde y tengo que irme. Les veré después." Terminó diciendo y salió a toda prisa.

Después de que se fué, Mariana, Hilda y Alexandra se miraron unas a otras con desesperación y comenzaron a empacar sus pertenencias en silencio. Que más podían hacer y decir en una situación como esta. Las cuatro semanas pasadas en Nueva York les había hecho darse cuenta que peligroso podía ser vivir en Nueva York. Oportunidad, dinero, y opulencia se encontraban por doquiera, pero también se encontraban soledad, pobreza, y suciedad.

"El muerto y el arrimado a los tres días apestan." Hilda vocalizó su aflicción, dándose perfecta cuenta de lo precario que resultaba, "esto es lo que ha pasado aquí. Nos hemos quedado más de tres días. Que vamos a hacer ahora?" Sus ojos reflejaban creciente pánico y ansiedad.

"Nada," la hermana de Alexandra respondió, "tenemos que esperar y ver que pasa."

Alexandra no respondió, asintió en silencio y continuó empacando.

27

El tío del señor Bourdeaux vivía en la avenida Parkway en el condado de Brooklyn. Estaba casado y tenía una hija quinceañera. Se veía como de cuarenta años y era un señor atractivo. Sus ojos negros tenían esa clase de brillo nostálgico que tantas veces ella había visto brillar en los ojos de los negros atrás de las inmensas pestañas. En este momento, estaba hablando con el señor Bourdeaux en su dialecto, Alexandra Hilda y Mariana no podían entender que hablaban pero podían deducir que era acerca de ellas.

"Se pueden quedar por unos días." El señor Boudeaux les dijo con amabilidad. "Ellos no tienen una habitación a donde Uds. pueden quedarse, pero pueden dormir aquí en la sala mientras tanto."

"Gracias," Mariana dijo fuerte mientras Alexandra e Hilda se mantenían calladas escuchando.

Parada afuera de la puerta de la habitación principal estaba una mujer que sin duda era la esposa del tío del señor Boudreaux. Tenía como treinta y cinco años y en ese momento las veía con recelo y desconfianza. Como la mayoría de las mujeres Haitianas que Alexandra había conocido, llevaba puesto un vestido descotado teñido sensualmente a su cuerpo con una mascada de color brillante atada a la cabeza dejando al descubierto parte de su largo y bien alisado pelo negro. Era alta y de complexión robusta. Sus largas uñas estaban pintadas de rojo vivo, y sus enemistosos ojos después de examinarlas con todo detalle estaban ahora posados sobre de su esposo, quién, mientras hablaba con Franz, miraba a Hilda con coquetería, sin disimular un poco la atracción que esta le había despertado.

Alexandra, Mariana, é Hilda que lo habían notado podían a duras penas aparentar calma. La situación era absurda y muy inconfortable, pero desafortunadamente, no había nada que pudieran hacer. No tenían otro lugar donde hospedarse. Era difícil saber que era lo que iba a acaecer. Los pocos encuentros raciales con los que habían tenido encuentro durante su corta estancia en los Estados Unidos habían probado ser de dos filos. La antipatía no era unicamente de blancos hacia negros, sino también de negros hacia blancos. Ambas partes parecían sentir mutuo resentimiento y antipatía por la presencia del otro. De ambas partes había desconfianza, odio, y enemistad.

Finalmente, después de media hora de tensión en crecendo, Franz Bourdeaux dejó de hablar con su tío y se despidió. Con esto se acostaron, deseando y rezando por un nuevo y mejor amanecer.

28

El hombre que manejaba el carro las miró con curiosidad. Estaban paradas en la esquina. Tenían sus tres maletas con ellas, y se miraban con miedo. La verdad es que no tenían a nadie a quién recurrir. El hombre manejó alrededor de la manzana lentamente, y después de dudarlo un poco estacionó el carro y vino caminando hacia ellas. Quizá había intuido que algo extraño sucedía. Este era el corazón de Brooklyn, y evidentemente, juzgando por la apariencia de ellas, no podían vivir ahí. No había blancos que caminaran en este vecindario.

Era la una de la mañana y un terror casi insano se apoderó de Hilda, Alexandra y Mariana cuando vieron al hombre aproximarse a ellas.

"Que hacemos?" Hilda dijo aterrada al tiempo que se echó a llorar.

"No sé," contestó Alexandra oyéndose a sí misma, "no sé."

Esa misma tarde Alexandra había ido a trabajar como de costumbre, y cuando regresó a la casa para su sorpresa, pasada la media noche, su hermana y su amiga la estaban esperando paradas en la esquina para darle la noticia.

El hombre se aproximó aún más.

"Les sucede algo malo?" Dijo tartamudeando.

"Bueno," dijo Mariana con su acostumbrada calma, "la mujer de la casa donde nos estábamos hospedando nos corrió porque encontró a su esposo hablando con ella." Terminó su explicación señalando a Hilda.

El hombre las miró en silencio. Tenía como treinta y tantos años. Llevaba puesto ropas que se veían usadas, tenía las manos adentro de los bolsillos, y mientras las miraba se balanceaba hacia adelante y hacia atrás mirando nerviosamente en la oscuridad.

"Bueno," dijo el hombre en voz baja después de un largo silencio, "tienen un lugar donde pasar la noche?

"No." Alexandra se apresuro a decir.

"Hay un cuarto vacío en el lugar que vivo." El hombre les dijo tímidamente, ... si Uds. quieren, las puedo llevar ahí para que pasen la noche."

Se miraron unas a otras asintiendo. Que otra cosa podían hacer en una situación como ésta? No había otro recurso. Confiaban en el desconocido ó pasarían el resto de la noche en la calle.

"Gracias," dijeron las tres al mismo tiempo, "iremos con Ud."

Recogieron su equipaje y lo siguieron a abordar el carro.

"Mi nombre es Jack Morris," dijo poniendo sus maletas adentro del carro. "Vivo cerca de aquí, a unos cuántos minutos." Su voz sonaba ahora fuerte con un tono feliz.

El corazón de Alexandra latía con locura. Sabía que el corazón de su hermana y amiga latían con la misma ansiedad. El hombre aceleraba por las calles, solo tomó cinco minutos llegar a la calle Fulton, siguió derecho cuatro calles más y luego volteó a la derecha. Sin embargo, en rumbo a un destino desconocido cada minuto que pasaban en el carro parecía una eternidad. "Que sucederá ahora?" Alexandra se preguntó febrilmente. No tenía idea. Miró a su alrededor, su hermana y amiga guardaban silencio, petrificadas de miedo del mismo modo que ella estaba.

De súbito el carro se detuvo.

"Es aquí," dijo el hombre, saltando del carro, señalando el edificio que tenía más próximo, y ayudándolas a salir del carro.

La calle estaba llena de basura, y el edificio que había señalado parecía estar abandonado. Pinturas estrafalarias cubrían las paredes de los edificios alineados a lo largo de la calle.

El hombre abrió la puerta lentamente y ellas le siguieron. Adentro todo estaba oscuro. Una pequeña luz que llegaba de la parte de arriba en la escalera iluminaba tenuemente el corredor. La pintura de las paredes estaba carcomida y grandes pedazos de madera faltaban en los escalones de la escalera. El hombre empezó a subir. Ellas trataron de subir sin hacer ruido pero fue inútil, a cada paso, la madera carcomida de las escaleras rechinaba.

Al llegar al tercer piso el hombre se detuvo enfrente de una puerta abierta al lado derecho.

"Aquí es," dijo caminando adentro del cuarto al cual conducía la puerta abierta. "El apartamento ha estado desocupado desde hace dos semanas," explicó, "yo vivo en el cuarto de enfrente. Espero que esto les ayude. Voy a dormirme ahora." Depositó el equipaje en el suelo y sin más explicación se fué tan misteriosamente como había aparecido, cerrando la puerta tímidamente tras de él y dejándoles en oscuridad total, excepto por los pálidos rayos de luna que se filtraban adentro del cuarto por los vidrios rotos de las ventanas.

Se sentaron en el suelo en silencio y miraron alrededor. No había un solo mueble en el cuarto. Estaba vacío, y sucio, era casi imposible imaginar que alguien actualmente hubiera podido vivir en tan paupérrimas condiciones hacia solo dos semanas. El suelo estaba lleno de basura y vidrios rotos, montones de cucarachas corriendo por las paredes, así como dos ratas paradas arriba de la deteriorada estufa que había en un rincón.

"Tenemos que irnos de aquí lo antes posible," Alexandra dijo quedito mirando a las ratas que de tiempo en tiempo interrumpían de comer lo que estaban comiendo encima de la estufa para mirarles.

"Es todo por mi culpa," Hilda dijo compungida, "si no hubiera hablado con él, pero que otra cosa podía yo hacer si él me estaba hablando?"

"Cállate!" Mariana contestó, "no es tu culpa. Tú no estabas coqueteando con él. Se veía bien que le gustabas y su mujer lo notó. Todos lo notamos."

"Mariana tiene razón," Alexandra replicó, "le gustaste desde el momento que te vio. No es tu culpa."

"Bueno, por lo que sea, aquí estamos, en un lugar horrible. Tengo miedo." Hilda terminó.

"Nosotros también tenemos miedo." Mariana dijo.

Alexandra se quedó callada, se pasaron el resto de la noche sentadas escuchando el más mínimo ruido.

Irma Noriega

29

Pasaron cinco noches en ese edificio esperando que en el trabajo les pagaran para tener con que rentar un apartamento. El hombre del carro les ayudó a encontrarlo. Tenía un amigo que era el administrador de un edificio de rentas, y a su solicitud, el "super" accedió a rentarles el departamento. El vecindario era horrible, pero el edificio de departamentos comparado con el que se habían estado quedando, era un palacio. Estaba en mucho mejor condición, no era tan oscuro, y estaba mucho menos deteriorado. La entrada al metro quedaba en la esquina.

Respiraron con alivio por primera vez después de dos semanas y media en cuanto firmaron el contrato de arrendamiento. El apartamento de renta quedaba en el cuarto piso. Tenía ventanales grandes que miraban al oeste, y un largo y espacioso cuarto funcionaba tanto como recámara y comedor. Tenía separados la cocina y un pequeño cuarto de baño.

"Wow!" Exclamaron al mudarse por fin riendo estrepitosamente, dejando escapar de esa manera la tensión y los momentos de pánico pasados.

"Voy a la esquina a comprar comestibles para tener algo de comida en el refrigerador. En camino aquí noté que hay una tienda en la esquina." Alexandra dijo al tiempo que cogió su bolsa y caminó confidentemente hacia la puerta.

"Está bien." Oyó decir a su hermana al momento que cerraba la puerta tras de sí yendo por la escalera hacia abajo.

Tal y como lo había visto en Bridge City, en esta parte de Brooklyn solo había negros en la calle. Alexandra no prestó mucha atención, ella estaba enamorada de un hombre negro, locamente enamorada. Llegó a la esquina sintiéndose feliz, compró carne molida, lechuga, jitomates, pan y jugo. Pagó su cuenta y contenta salió de la tienda, ignorando la curiosidad que su presencia había suscitado dentro de la tienda. Los días pasados habían sido increíbles! Se sentía agradecida que Dios les había protegido. Algo malo podía haberles pasado y sin embargo nada les había sucedido.

Repentinamente un montón de piedras le cayeron encima.

"LARGATE DE AQUÍ blanca hija de puta. No te queremos aquí!"

Alexandra miró a su alrededor.. Siete jóvenes negras que estaban afuera de un edificio le miraban amenazadoras.

Otra vez una confrontación racial. Pensó, y continuó caminando pasando frente a ellas como si no la hubieran atacado con las piedras. Pero las muchachas, no pararon; continuaron insultándola diciendo grosería y media.

El carácter de una persona no puede ocultarse. Pensó Alexandra tristemente al momento que otro puñado de piedras revuelto con basura le cayó encima. Siempre se da a conocer en el modo en que la gente se comporta, habla, en sus gestos. Es horrible! Continuó reflexionando, porque la verdadera emancipación y liberación de las personas, no la da el medio ambiente, sino lo que las personas piensan de ellas mismas.

Cuando llegó al edificio habitacional, subió la escalera lentamente. Repentinamente se sentía cansada. Como si llevara un gran peso encima y de pronto este la avasallara. Abrió la puerta sin prisa y pasó adentro.

"Que sucedió?" Mariana é Hilda le preguntaron. Estaban lavando los últimos residuos de grasa de la pared de la cocina.

"Nada." Alexandra dijo sin fuerzas sentándose.

"No mientas! Te ves como que has visto al mismo diablo."

Alexandra levantó los hombros.

"En una forma lo vi," contestó todavía perturbada por el incidente inesperado, "unas jóvenes negras me aventaron piedras y basura cerca de la esquina. Las piedras no me lastimaron tanto como el hecho. Es realmente deprimente."

"Pienso que es una reacción natural ante la opresión y explotación que ellos han experimentado por tanto tiempo." Mariana expresó tratando de justificar la conducta agresiva.

"Los negros han sido cruelmente maltratados y abusados en este país que tal vez cuando pueden tratan de mostrar su resentimiento." Hilda dijo.

"Pienso que todo eso es verdad," Alexandra contestó, "pero la violencia no resuelve el problema. Solo lo aumenta. Guerra engendra guerra, y en guerra los inocentes pagan por los pecadores."

"Tienes razón." Asintieron Mariana é Hilda.

"Bueno, que es lo que vamos a hacer ahora? Preguntó Hilda.

"Nada, estamos aquí." Alexandra concluyó, "tenemos que ajustarnos a las circunstancias hasta que podamos mudarnos a Manhattan."

No había más que discutir. Cocinaron, comieron, y arreglaron el departamento mientras escuchaban la encantadora voz de Billie Holiday, hasta muy entrada la noche cuando fue hora de irse a la cama.

"Bueno, niñas. Tuvimos un día ocupadísimo." Mariana dijo con alegría. "Es hora de irse a la cama."

Se rieron y comenzaron a desvestirse. De pronto Mariana dio un grito.

"Miren!" Exclamó, señalando hacia la ventana. Estaba pálida.

Cuatro hombres negros que habían escalado las escaleras de escape las observaban. Era obvio que les habían visto encueradas. Se cubrieron con sus batas y sin pensarlo más salieron como bólidos del departamento.

"Vamos a decirle al "super" para que llame a la policía." Mariana dijo.

Hicieron tanto ruido al bajar que varios de los inquilinos salieron de sus departamentos para saber cual era el alboroto.

"Señor Jackson, señor Jackson, abra la puerta, rápido por favor!" Gritaron las tres tocando una y otra vez a la puerta.

Un somnoliento señor Jackson apareció en la puerta.

"Que sucede muchachas? Cuál es la causa de tanto alboroto?"

"Hay cuatro hombres afuera de nuestra ventana. Nos hubieran asaltado cuando dormíamos de no haber sido porque Mariana los descubrió." Hilda dijo señalando hacia la escalera de escape. Su boca estaba seca y se encontraba muy pálida. "Podría ir con nosotros para checar el departamento? Y, también señor Jackson, podría llamar a la policía? No tenemos teléfono todavía y bueno, estamos bastante espantadas."

El superintendente permaneció pensativo unos segundos como si recordara algo. Era un hombre muy alto negro. Su pelo era totalmente blanco, con gran amabilidad reflejada en la expresión de su cara.

"Un momento, por favor," dijo, caminando hacia la recámara.

Unos minutos después regresó a la puerta cargando una barra de hierro.

"Muy bien, ya estoy listo, muchachas."

"Tenemos que mudarnos cuanto antes de aquí." Alexandra susurró en el oído de Mariana. "El día de mañana quizá no corramos con tanta suerte."

"Tienes razón," Mariana é Hilda admitieron mientras subían la escalera.

Los hombres ya no estaban en la escalera de escape. Quizá ahuyentados por el ajetreo se habían escondido. Casi todo mundo en el edificio había salido fuera de sus departamentos despertados por el griterío.

"Este vecindario no es para Uds. muchachas. Necesitan cambiarse de aquí. Lo digo en serio." El superintendente les dijo enojado mientras iba de un lado a otro del departamento con la barra de hierro en mano. Su rostro mostraba una gran dureza al hablar.

"Nop," repetía una y otra vez más a él que a ellas. "Ya no están aquí." Aseguró muy bien las ventanas otra vez, y salió del departamento no sin antes volverles a decirles que se fueran, "no se les olvide lo que he dicho. Tienen que cambiarse de aquí. Buenas noches."

Vigilaron la ventana el resto de la noche, demasiado excitadas y asustadas para poder dormir. Tan pronto como fue de mañana se dirigieron a Manhattan a la hora en que todo el mundo iba al trabajo. Hablar con el señor Bourdeaux era el único recurso que tenían. No tenían dinero. Lo poco que tenían lo habían invertido en el costo del departamento en el cual ya no podían vivir. Era demasiado peligroso. Esos hombres negros, quienes fueran que fuesen, sabían que estaban solas, y si no las habían asaltado la pasada noche adentro del edificio muy bien podían asaltarlas en la calle. Este era un barrio negro... y ellas siendo blancas eran unas intrusas y su presencia no era bien querida ahí.

Irma Noriega

30

El señor Bourdeaux estaba detrás de su escritorio dándoles órdenes a unas gentes cuando las descubrió. Agitó su mano en forma de saludo, y tan pronto terminó la conversación con los que atendía acudió a encontrarlas.

"Muchachas, muchachas, que sorpresa! He estado tan preocupado por Uds."

El señor Bourdeaux no cambiaba nunca. Tenía la personalidad alegre y bonachona de siempre.

"Vengan, vengan a mi oficina," dijo, besándolas en las mejillas y abrazándolas con esa sinceridad que le hacia tan simpático a cuantos lo conocían y a la vez tan vulnerable de ser abusado por causa de la genuina bondad que sentía por otros. "Me da tanto gusto verlos."

Alexandra, Mariana, é Hilda le siguieron en silencio.

"Siéntense por favor," les pidió, "mi tío me contó lo que pasó y lo siento mucho. Que es lo que han hecho?"

"Por esto hemos venido a verte," Mariana dijo, "no tenemos en donde quedarnos." Y en unas cuantas palabras le relató lo que pasó desde el momento en que las dejó en casa de su tío, hasta la noche anterior, cuando los cuatro hombres las vieron desnudas en su departamento.

"Muchachas, muchachas, que es lo que voy a hacer con Uds.?" Bromeó, pero su semblante indicaba con claridad sus verdaderos sentimientos. Estaba obviamente muy preocupado por ellas.

"Bueno," dijo después de pensar por un momento, y frotar su barba con su mano derecha. "Hablaré con unos amigos acerca de su situación y más tarde les dejaré saber que puedo hacer por Uds. Vengan a la hora en que salgo de trabajar," continuó, "a esa hora les daré algunas alternativas." Se levantó de su asiento y miró su reloj, "tengo un meeting en este momento, pero no se preocupen," palmeó el hombro de Mariana, "yo me encargo de todo. Vayan a comer algo ahora, paseen por la quinta avenida, y regresen a verme más tarde. Todo saldrá con bien, ya verán."

Se levantaron, le besaron al despedirse, y se dirigíeron hacia el elevador.

"Muchachas, esperen!" Franz Boudreaux llamó corriendo tras ellas, "tomen esto," dijo, sacando un billete de cincuenta dólares de su cartera, "yo creo que lo necesitan."

"Franz, no. , Gracias.." Alexandra dijo.

"Por favor acéptalo," pidió, "ya me pagaran después cuando tengan. Yo no lo necesito ahora, Uds. sí." Y diciendo esto, se volvió por donde había venido dejándolas mudas y agradecidas enfrente del elevador.

Al final del día de trabajo, tal y como Franz les pidió fueron a buscarle a la oficina. Eran las cuatro cuarenta y cinco de la tarde. Habían llegado quince minutos antes de tiempo, así que se sentaron en la sala de recepción para esperarle. Habían ido a pasear varios lados de la ciudad, visitado el Central Park, dado de comer a las docenas de patos y pichones que se reunían en el parque, pero no habían podido durante su trayecto quitar su nerviosismo. Con marcada ansiedad esperaban el momento de reunirse nuevamente con el señor Bourdeaux.

"Hola queridas amigas, que gusto me da verles." Dijo el señor Bourdeaux acercándose con su bastón y sombrero en la mano. "Les tengo buenas noticias. Tengo unos amigos en la calle 72 en donde podrán quedarse. Ahí vamos a ir ahora. Vamos, no estén tristes, sonrían!"

Rompieron en carcajadas. La alegría y buena disposición del señor Bourdeaux eran contagiosas, tan contagiosas que Alexandra comenzó a llorar como siempre lloraba al sentir el poder y belleza de la naturaleza humana.

31

El apartamento en la calle 72 era moderno y bonito. Era un chalet de dos pisos localizado en una de las áreas bohemias, similar quizá a la de Greenwich Village, donde la gente más extravagante y excéntrica se reunía a protestar con sus acciones y vestimenta los convencionalismos de una sociedad loca.

Los amigos del señor eran dos hermanos solteros. El mayor parecía como de cuarenta años, y el menor como veinticinco. Eran también Haitianos. Pero unicamente lo ondulado de su pelo denotaba en algo su procedencia. El color de su piel tanto como sus facciones eran de blancos, y juzgando por los muebles, la decoración inmaculada del departamento, y sus ropas, debían ser muy ricos.

Mientras Franz las presentaba, el de cuarenta años fumaba una pipa sentado frente de ellos. Mientras fumaba su mirada codiciosa delineaba de arriba abajo el cuerpo de Alexandra, quién a duras penas podía dominar su nerviosismo.

Su hermano que se encontraba parado a unos cuántos pasos atrás del piano escuchaba atentamente la plática entre Franz y su hermano. Era claro que el hermano mayor era el que tomaba las decisiones de todo.

"Claro que pueden quedarse aquí. Esta es una área buena. Todo está cerca, el supermercado, el centro, el metro. Viviendo aquí será mucho más fácil para ellas encontrar un departamento al cual mudarse en Manhattan."

"Mercy, Mon Cher," dijo agradecido el señor Bourdeaux.

"Pas de quoi, mon frere, pas de quoi."

Se levantaron, se abrazaron amigablemente, y juntos se dirigieron hacia la puerta.

"Adiós muchachas," Franz agitó su mano en forma de despedida desde la puerta, "déjenme saber como todo progresa."

"Lo haremos, gracias." Le gritaron suspirando al tiempo que Franz desaparecía atrás de la puerta.

El hombre de cuarenta años vino hacia ellas.

"Mi hermano y yo casi no estamos aquí durante el día." Explicó. "Mi hermano va a la escuela, y yo trabajo la mayor parte del día. Vengan," añadió tomando a Alexandra de la mano con marcada familiaridad, "les enseñaré su recámara."

Una escalera de caracol en la esquina de la sala conducía al piso superior donde se encontraban las recámaras.

"Tenemos tres recámaras en casa," explicó, "ésta es la de mi hermano, ésta es la mía, y ésta es la de las visitas. Desde hoy hasta el día en que se cambien ésta será su recámara."

La recámara era grande. En medio del cuarto había una cama matrimonial cubierta con una colcha de satín azul. Una enorme pintura que mostraba la cabeza de un león colgaba de una de las paredes mostrando la exquisita belleza con que fue diseñada. Un tocador con gardenias, una lámpara bonitísima, y cinco gigantescas almohadas en diferentes tonos azules se encontraban esparcidas por el suelo. La persona que había decorado el cuarto lo había hecho estupendamente.

"Estas son las llaves de la casa." Dijo el hombre de cuarenta años "una abre la puerta de entrada, la otra el departamento."

"Gracias por su hospitalidad." Mariana dijo, hablando por todas.

"Siéntanse en su casa. Me llamo Ralph, mi hermano es Loui." Dijo brevemente volviéndose a la puerta por donde salió dejando atrás el aroma de su loción cara.

"Ahora que?" Hilda preguntó.

"Ya veremos" Respondió Alexandra alzando los hombros.

"Le gustas," Mariana apuntó diciéndole a Alexandra, "le gustas bastante. Espero que esto no nos traiga problemas."

Alexandra se estremeció. No había sido difícil notar las miradas fervientes de Ralph. Se mordió los labios nerviosamente deseando en silencio que no tuvieran problemas por causa de esto.

32

Pasaron seis días en el departamento sin eventualidades con excepción de los ojos ansiosos de Ralph que la seguían por todos lados. Ella lo evitaba, pero el día séptimo, al llegar de compras de la tienda se topó a solas con Ralph.

"Hola," le saludó al verlo.

"Hola," Ralph contestó el saludo con voz ronca acercándose a ella. Traía una copa de licor en la mano y cuando la siguió hasta la cocina Alexandra se sintió nerviosa.

"Dónde... donde están Hilda y mi hermana?" Preguntó titubeante dejando los comestibles sobre la mesa de la cocina.

"No están en casa." Dijo viniendo hacia ella y moviéndose insinuantemente, "estamos solos."

Alexandra sintió una apremiante opresión y preocupación. Tenía a Ralph casi junto a ella. Alexandra había visto esa misma mirada en Thomas, oído la misma voz enronquecida.

"Alexandra." La abordó en la cocina. Se veía sudoroso y estaba temblando. "Tú no tienes que mudarte de aquí cuando tu hermana y tu amiga se muden, tú puedes quedarte aquí conmigo," le dijo al tiempo que la arrimó con violencia hacia sus brazos, "te puedo cubrir de oro. Te he deseado desde el momento que te vi." Continuó con ojos turbios buscando sus labios. "Te compraré cualquier cosa que desees. Te dejaré hacer lo que quieras hacer. Si quieres ir a la escuela té pago la colegiatura. Te puedo dar joyas, ropas, perfumes, lo que tú quieras... cualquier cosa que me pidas si me dejas por un momento hacerte mía."

"No estoy en venta," Alexandra le gritó ofendida y tratando de zafarse de sus brazos que le impedían mover su cuerpo. "Que clase de persona crees que soy? Suéltame, me estás lastimando!"

"Todo mundo tiene precio." Dijo sin ninguna delicadeza cercándola junto a la pared. "Mira, mira esto," continuó inflexible extrayendo de su bolsillo un puñado de billetes de cien dólares, y depositándolos en la mano de Alexandra. "Te pudo dar todo lo que quieras, recuérdalo. Todo lo que quieras."

"Déjame!" Gritó Alexandra estupefacta, aventando el dinero en el piso. "Que no te das cuenta de que aunque me dieras todo tu dinero no podrías tenerme? No estoy en venta."

La miró atónito e irritadamente la soltó de súbito. Su hermana é Hilda entraban en ese momento.

"Piénsalo," susurró con eco raro, limpiando el sudor de su cara y calmándose un poco. "Estaré esperando tu respuesta. Pasó rozando a Mariana é Hilda quienes ajenas a lo que había sucedido reían animosamente. Las saludó formalmente diciendo "buenas tardes" y salió del departamento dando un portazo, enojado y vencido al primer intento de conquistarla.

"Y a éste que le pasa?" Mariana preguntó. "Parece que le lleva el diablo. Que sucedió?" Preguntó otra vez mirando el dinero esparcido por el suelo.

"Quiere intercambiar el hospedaje que nos está dando por mi cuerpo, eso es lo que pasa." Alexandra dijo, todavía herida por el ataque tan inesperado. "Nadie da nada sin pedir algo a cambio." Estaba fuera de sí.

"Cálmate!" Mariana pidió, "cálmate!"

Alexandra miró a su hermana. De las tres, Mariana era la que siempre mantenía la calma. Tenía la habilidad de poner la cabeza antes que su corazón, y en situaciones como ésta, poner la cabeza antes del corazón era lo más razonable.

Mariana era muy atractiva. Su pelo y su piel mostraban la directa influencia de los Moros. No había sorpresa en eso, como su padre decía, no en vano los Moros conquistaron y dominaron España por más de quinientos años. Cuando se fueron, no-solo dejaron atrás innumerables construcciones y trazas de su esplendente cultura sino también muchas de las características físicas de su raza.

"Tenemos que mudarnos." Mariana continuó después de pensar un rato. Tenía un lápiz en la mano, y mientras hablaba, garabateaba con él en un pedazo de papel, mirando de cuando en cuando a Alexandra, Hilda, y al dinero que seguía esparcido sobre el piso.

"No lo podemos hacer inmediatamente. No nos pagan hasta mañana, pero aún así, no nos podemos cambiar sin haber encontrado un departamento."

"Podemos buscarlo en el fin de semana, y si tenemos suerte, lo encontraremos," Hilda aseguró, "y entonces podremos cambiarnos de inmediato."

Alexandra no tenía que decir. Se levantó, recogió el dinero del suelo, y poniéndolo dentro de un sobre fue al segundo piso a tirarlo en el suelo de la recámara de Ralph. Todavía tenía el sabor amargo de las palabras ofensivas de Ralph. Muy poca gente eran como el señor Bourdeaux y el hombre que les había ayudado en Brooklyn. En cuanto a Ralph Dominique, era obvio que estaba acostumbrado a obtener todo lo que quería con dinero.

Fué directo hacia el tocador, cogió el teléfono, y marcó el número de Jules. No había sabido de él desde que se vino de New Orleans. Quizá era culpa de ella, en su carta le dijo que no le contestara sino hasta que ella le mandara la dirección donde pudiera recibir cartas... del otro lado de la línea escuchó la voz que podía reconocer entre millones.

"Hola habla Jules," "Hola," Alexandra contestó conteniendo el aire. Al instante por alguna razón especial su cuerpo y su alma estaban temblando con incontrolable emoción. "Habla Alexandra. Que estás haciendo?"

"Alexandra, que sorpresa." Oyó decir a Jules. Su tono era sincero. "Mi hermana está en New York. Se mudó para allá después de que perdió a su bebé." Su tono se oía triste, se quedó callado un momento, y luego explicó. "Ella estaba muy deprimida después de que eso pasó, así que decidió irse de aquí."

"No lo sabía. Siento que haya pasado. Que horrible!" Alexandra no pudo evitar decirlo con aflicción.

"Te puedo dar su dirección para que le visites. Le dará gusto verte, le caes muy bien."

"Gracias, ella también me cae muy bien."

"Espera un momento mientras busco su dirección."

Después de que aguardo por un momento lo escuchó otra vez.

"Esta es su dirección, Tienes a la mano un lápiz?"

"Sí, si lo tengo."

Anotó la dirección con alegría.

"Dijiste apartamento 300?"

"Sí," Jules contestó. "Uds., tienen ya una dirección permanente?"

"No, todavía no, pero pronto." Dijo sin más explicación.

"Bueno, buena suerte. Escribe pronto, déjame saber si ves a mi hermana."

"Lo haré. Gracias. Hasta luego."

"Adiós."

Todavía temblando colgó el teléfono y bajó la escalera corriendo.

"Que te sucede? Te has vuelto loca?"

"Ahora qué. Qué es lo que te pasa?"

Mariana é Hilda exclamaron mirándola como si hubiera enloquecido.

"Primero te ves absolutamente deprimida y ahora estás histérica. Puedes explicarlo?"

"Bella está aquí! En New York! No entienden lo que esto significa?" Gritó ignorando lo que decían. "Ella nos puede ayudar a encontrar un departamento, y tal vez, tal vez, si le pedimos, nos deje quedar con ella mientras encontramos el departamento adonde mudarnos. Ya no quiero quedarme aquí un minuto más. Bueno, no más tiempo de mañana. Es demasiado peligroso."

"Sí, es peligroso." Hilda confirmó compartiendo sus sospechas.

"Wow! Esas sí que son buenas noticias!" Mariana dijo. "Dios es bueno con nosotros, siempre que lo necesitamos. Él nos ayuda siempre!"

33

Tenía que trabajar, pero esa tarde en lugar de coger el tren decidió caminar. El camino era largo, pero no importaba. Su espíritu estaba lleno de esperanza después de que había hablado con Jules, y la vida le parecía extraordinariamente hermosa, y lo mejor de ella, era estar viva sintiéndose capaz de conquistarlo todo.

El ataque bárbaro y brutal de Ralph esa tarde había pasado. No le molestaba más. Ella no había perdido nada. El sí. En sus cuarenta años de edad, no había aprendido a ser un caballero. Presentía que un cambio llegaría a sus vidas, podía casi intuirlo, quizá el cambio llegaría después de ver a Bella.

Por esta sección de la ciudad las prostitutas se encontraban siempre paradas en las esquinas. Unas viejas y otras jóvenes. Negras y Blancas. De todos los estratos sociales. Cuando pasó junto a ellas no las miró con desprecio, sino con consideración y respeto. Solo tragedia y abuso podía haberlas llevado a ese estado. Las plastas de maquillaje eran quizá su disfraz, la vestimenta frívola, la máscara que cubría lo sensible de su corazón. Quizá alguna vez habían durante su vida conocido hombres viciosos como Ralph Dominique que las habían hecho instrumentos de sus perversiones por medio de extorsión ó quizá.., su estado era el resultado del sistema patriarcal social que la mayor parte del tiempo beneficiaba y perdonaba a los delincuentes, y castigaba y oprimía al inocente y necesitado, ó quizá.., era que...., sus reflexiones se interrumpieron de súbito al llegar al hotel donde comenzaría la jornada de trabajo esa tarde.

"Cómo está Ud?" Saludó al portero del hotel con amplia sonrisa dirigiéndose de inmediato a la oficina de recepción a donde trabajaba.

Irma Noriega

34

"Niña, que grata sorpresa!" Bella exclamó jovialmente al abrazarla. "Pasa, por favor, pasa. A ellas, las conozco?" Preguntó levantando una ceja refiriéndose a Mariana é Hilda.

"Soy Mariana, su hermana. " Explicó Mariana.

"Y yo soy Hilda, su amiga."

"Oh, oh! Mucho gusto en conocerlas!" Bella las saludó abrazándolas también. "Por favor siéntense." Pidió y después continuó. "Quién lo hubiera imaginado que nos encontraríamos de nuevo aquí en New York."

"De verdad. Quién lo hubiera imaginado." Alexandra confirmó.

"Perdí a mi bebé niña," se quejó, "se esperaron mucho tiempo para iniciar el parto y cuando lo hicieron el bebé ya estaba muerto."

Lágrimas corrían por su cara. "Discúlpame," se excusó cogiendo su pañuelo, " pero fue tan triste. Era un niño. Hubieras visto que bonito estaba."

Se veía completamente apesadumbrada, todavía incapaz de olvidarse de la horrible experiencia. Ninguna palabra que pudieran decirle podía ser apropiada en este momento.

"Bueno, dime," dijo después de unos minutos de convulsos sollozos. "Que hay de nuevo contigo? Adónde estás viviendo? Han encontrado un lugar permanente?"

"Fíjate que no. Todavía estamos buscando un lugar para vivir. Sabes de alguno disponible en el vecindario?"

"Claro que sí!" Bella dijo con entusiasmo. "Hay un departamento vacío aquí mismo en este edificio. El manager es muy agradable, si quieres podemos ir a hablar con él ahora. Vive en el primer piso."

Se miraron unas a otras pasmadas. No había lugar a dudas de que era su día de suerte y que la Providencia una vez más les favorecía.

"De verdad lo harías? Si tú puedes hacerlo, sería estupendo."

"Vamos entonces," Bella dijo caminando y mirándose al mismo tiempo al espejo para tratar de peinar un poco su cabello que, despeinado, había caído sobre su frente cuando sollozaba.

"Me veo horripilante, pero bueno, no importa. Vamos."

35

"No tienes que mudarte."

Ralph Dominique le dijo, cogiéndola del brazo con fuerza, cuando la vio sacando sus cosas del departamento. Sus ojos obscuros atrás de las espesas pestañas expresaban incredulidad y una furia sórdida. Había estado tomando y si no estaba borracho todavía, mostraba la testarudez de uno que ha perdido el decoro.

"No necesitas mudarte con ellas, " repitió cerca de su oído apretándola, "ya te lo dije. Mira," añadió cogiendo con la mano que tenía libre una de las cuatro botellas de perfume que había formado en línea sobre la mesa del comedor con el propósito quizá de impresionarla, "te puedo comprar perfumes como estos." Le enseñó, rociándola de arriba abajo con la botella de perfume que había cogido, haciendo caso omiso de Hilda y Mariana que lo miraban atónitas muy cerca de ellos. "Te doy lo que tu quieras, haré lo que tu quieras por ti si me dejas ver tu cuerpo!"

Alexandra, ruborizándose, soltó de un tirón su brazo de la mano que la apresaba. "Vamonos," dijo dirigiéndose a Hilda y Mariana é ignorando por completo lo que había dicho Ralph.

Fueron hacia la puerta con sus cosas. La abrieron y cerraron rápidamente tras ellas al tiempo que Ralph con voz desdeñosa decía, "Ya sabes donde encontrarme si cambias de parecer. Te estaré esperando!"

Irma Noriega

36

En el este el sol estaba saliendo reviviendo la ciudad.

Alexandra bajó alborotada la escalera como era su costumbre. Desde que se habían cambiado al edificio donde vivía Bella, hacia dos meses, había hecho costumbre de caminar en el Central Park a esa hora. Temprano el parque era una verdadera preciosidad. Proveía un silencioso refugio en medio del tumultuoso ajetreo de la ciudad.

"Hola niña, sabías que Jules está aquí?" Bella le susurró en el oído cuando se encontró con ella en el elevador. "Llegó ayer en la noche y no tuvimos tiempo de avisarte."

Salieron del elevador y ella añadió.

"Willie y yo trabajamos esta mañana, pero tú puedes venir a visitarle." Sus ojos se mostraban sonrientes. "Él estará en casa."

"Si, lo haré. Gracias." Dijo casi sin voz deteniéndose en la puerta de entrada. Iba en camino a ver la salida del sol, pero de pronto otro sol, muy querido para ella, estaba lejos de sus brazos solo unas cuántas puertas. No esperó por el elevador. Subió los tres pisos por la escalera corriendo como loca. Su corazón estaba latiendo desaforadamente, tan agitadamente que dolía intensamente dentro de su pecho. Temblando y no pensando más que en verlo, tocó la puerta del departamento de Bella.

"Hola," dijo sonrojándose, cayendo prisionera del ardiente hechizo que la jalaba de ese modo hacia Jules.

"Hola," dijo Jules, "pasa."

Llevaba una bata azul que le cubría su cuerpo, y en sus ojos reflejaba la inexpresiva mirada que era tan difícil de descifrar y que a la vez la exasperaba.

Entró tímidamente conteniendo su respiración. Si Jules se sentía contento de verla era muy difícil poderlo decir, porque tan pronto ella entró, el se volvió a la recámara sin decir palabra acostándose de nuevo sobre la cama.

No supo exactamente el porque, pero la sonrisa que ella tenía en los labios se le congeló al tiempo que una extraña sensación de inseguridad se apoderó de ella. De pronto se sentía con deseos de correr y esconderse, del mismo modo que había querido correr y esconderse cuando los pasos de su padre se aproximaban a la puerta de su recámara. Pero contrariamente a lo que deseaba, no se movió un ápice, tal y parecía que la habían clavado en el suelo. Una vergüenza indescriptible se apoderó de ella, y en el silencio que había, el martilleo de su corazón parecía exponer sin recato el desconcierto y atontamiento que sentía. Podía Jules oírlo? Alexandra no lo sabía, pero su reacción, estaba acabando con su alegría y llenándola de inseguridad. Después de momentos de indecisión, Alexandra comenzó a caminar lentamente.

La luz en la recámara donde Jules estaba acostado era muy tenue. Cortinas azules cubrían la luz de las ventanas y era muy difícil enfocar la vista en la penumbra. Se acercó un poco más a la cama. Sobre la cama, Jules estaba bajo las cobijas. Tenía los ojos cerrados. Estaba dormido ó solo pretendía hacerlo para exasperarla? No lo sabía, pero se sentó en la orilla de la cama cerca de donde Jules tenía sus brazos. Desde que había sido suya, ella no sabía lo que él sentía por ella, ni lo que pensaba de ella.

No supo cuanto tiempo permaneció sin moverse a un lado de la cama, observándolo dormir. Su piel era tremendamente obscura y atractiva y solo al mirarlo le encendía el corazón. Lentamente, sin dudarlo más, le quitó las cobijas que lo cubrían y comenzó a acariciarlo.

"Te amo!" Le dijo fervientemente. Pero acostado ahí, él era una estatua de bronce la cual no podía revivir hiciera lo que hiciera.

"La mujer con la que me case," Jules cortó sus reflexiones reprendiéndola, "obtendrá el respeto de mis amigos. Si tú no tuviste el respeto de Thomas cuando vivías en México, es porque tu conducta no se prestó para ello. No puedo casarme con alguien que anduvo de ofrecida con mis amigos." Sus ojos tenían una rabia sórdida. "Hay mas de un modo en que una mujer se prostituye sin tener necesariamente que acostarse con alguien."

"Por que me tratas así?"

"Tú dejaste que él te besara. No es eso suficiente?"

Dos días después Jules se fué. En el aeropuerto, Bella, Willie, y ella se despidieron de él. Agitó su mano hasta que la figura de Jules desapareció de su vista en medio de la muchedumbre. Contuvo sus lágrimas. Esta vez como en New Orleans, no sabía lo que él sentía por ella. Esta vez, como lo había hecho antes, la había dejado en un suspenso agonizante.

Las cosas cambiarán para bien. Pensó.

Irma Noriega

37

Incitada por el silencio de Jules, sin pensarlo más, Alexandra decidió ir a New Orleans el siguiente fin de semana que tuvo libre. Cuatro meses habían pasado desde que vino a New York, sin escuchar ni una palabra de él y era insoportable. Necesitaba hablarle, abrazarle, verle.

Nueva Orleans no habia cambiado Hacia mucho calor, el ambiente soleado y húmedo. Respiró profundamente—este pedazo de tierra sin lugar a dudas era muy bello.

"A la Universidad de Loyola, por favor." Pidió al chofer al tomar el taxi.

"De inmediato." Dijo el taxista acelerando deprisa hacia donde ella le había indicado.

Llena de emoción y recuerdos, sus ojos recorrieron con deleite la hermosura del paisaje. Las ventanas de los establecimientos ya no mostraban los humillantes anuncios de segregación. Era grato presenciar esta medida que se había tomado para solucionar el problema de la inigualdad racial, problema que había nacido debido a la ignorancia, abuso, y mal entendidos.

Al llegar a la Universidad bajó del taxi apresuradamente. Estaba ansiosa de verlo, lo amaba apasionadamente y quería hablarle para solucionar las cosas.

"Se encuentra Jules en su oficina?" Preguntó casi sin aliento a la recepcionista.

"Sí, sí está," dijo, "cuatro puertas a la derecha."

Se olvidó de decir "gracias," y corrió hacia la oficina. Abruptamente, se detuvo. Adentro de la oficina Jules estaba besando apasionadamente a una muchacha. Sin saber que hacer, Alexandra se quedó paralizada mirándoles sorprendida y adolorida por la inesperada sorpresa, hasta que finalmente, notando su presencia, la muchacha y Jules dejaron de besarse.

"Bueno, mi amor," la mujer le dijo a Jules con acento Inglés besándolo esta vez en la mejilla. "Te veo mas tarde." Miró a Alejandra con curiosidad al tiempo que pasó de largo junto a ella.

"Okay." Jules contestó volviéndose hacia donde estaba Alexandra. "Hola," dijo naturalmente, como si la hubiera visto el día anterior, y no importara nada que lo hubiera visto besando a otra.

"Hola," Alexandra se oyó decir con voz extraña, sintiendo vergüenza.

"En que hotel te estás quedando?" Le preguntó, dándole la espalda mientras arreglaba unos papeles que tenía sobre el escritorio.

"En ninguno. Acabo de llegar," contestó todavía perturbada, añadiendo con voz temblorosa, "quién es ella?"

Jules detuvo por unos instantes lo que estaba haciendo, y sin miramientos dijo. "Se llama Darla. Es mi novia. Es de Inglaterra." Miró su reloj con indiferencia, sacó su libreta de cheques del cajón, y como si no estuviera ahí, caminó hacia la puerta. "Voy a ir a almorzar," le dijo, "se me ha hecho un poco tarde. Mi trabajo termina a las cinco de la tarde, si no tienes a donde quedarte, te puedo llevar conmigo a Bridge City. Ahí te puedes quedar en la casa que ocupaba mi hermana. La casa sigue vacía." Y diciendo esto desapareció tras la puerta de la oficina sin darle tiempo para contestar.

Se quedó tan sorprendida con su desinterés que tuvo que sentarse para recuperarse. Era obvio que Jules ya no la amaba. Su relación con él no era mas que producto de su fantasía. Salió de la oficina y caminó como sonámbula por el centro de la ciudad, y al llegar las cinco de la tarde, a pesar de las conclusiones a las que había llegado, se presentó en su oficina no pudiendo resistir el deseo de verlo aún que fuera un solo minuto más, aunque ese minuto implicará un minuto de infierno.

Solo teniá cinco minutos esperando en la recepción, cuando Jules a toda prisa pasó frente a ella sin hablarle y salió de la oficina. Mordiéndose los labios con angustia, Alexandra le siguió. Jules iba caminando muy aprisa, porque en los pocos segundos que había tomado para correr tras él, Jules le llevaba por delante un buen tramo. Se veía molesto, claramente denotándole que su presencia ahí no era grata.

"Espera!" Alexandra gritó corriendo atrás de él, ignorando su grosería "Apúrate!" Le gritó irritado, deteniéndose por un instante a mirarla, "se me ha hecho tarde para ir a recoger a Darla." Abrió la puerta de su carro y sentándose dio un portazo.

Alexandra le alcanzó corriendo, abrió la puerta del lado de los pasajeros y se sentó jadeante. Jules sin esperarse un minuto más, arrancó rudamente y acelerado manejó alrededor del campo universitario rechinando en cada vuelta los frenos, hasta llegar a la biblioteca central de la Universidad de Tulane, donde se estacionó con tremendo enfrenazo. Estaba impaciente. Miraba una y otra vez su reloj de mano, mientras su mano derecha golpeaba repetidamente el volante.

No tenían mucho de esperar, cuando vieron que Darla salía de la biblioteca. Venía sonriendo con la misma sonrisa que tenía en la oficina de Jules cuando este la besaba. Era muy bonita, demasiado bonita y atractiva. Alexandra no podía negarlo. Casi podía entender porque a Jules le había atraído. Caminaba con seguridad sin ser vana, moviéndose coquetamente sin ser vulgar. Su pelo ondulado y castaño le caía sobre los hombros, y sus ojos del color de los zafiros tenían una expresión amable.

Tan pronto Jules la vio salir, la expresión de su cara cambió de impaciencia a arrobamiento. Saltó sin esperar un segundo fuera del carro, y corrió efusivamente hacia ella. Se encontraron a mitad de la escalera, y ahí, olvidándose del mundo entero y de Alexandra se besaron.

"Hola," la saludó Darla subiendo en el carro, "Jules me ha dicho que te conoció en la ciudad de México. Es verdad?"

"Sí," Alexandra contestó tratando de ocultar la humillación que sentía, pero su voz, a pesar del esfuerzo que hacía, se oyó como un sollozo.

Darla no le preguntó otra cosa. Nadie dijo una palabra más. Manejaron en silencio por los siguientes siete minutos que duró el trayecto hasta la casa donde vivía Darla.

"Aquí es Jules! Ha, ha, ha.."No te acuerdas?" Interrumpió Darla riendo.

"Perdóname," Jules contestó distraído deteniendo el carro abruptamente, "estaba distraído. Regreso en un minuto," dijo luego dirigiéndose a Alexandra, al tiempo que cogía a Darla de la mano para ayudarla a bajar del carro.

Las lágrimas que siempre traicionaban a Alexandra le saltaron por los ojos quemándole las entrañas, el corazón y todo. Del otro lado de la calle el hombre al que ella le había dado su cuerpo y su alma estaba besando a Darla como si ella jamás hubiera existido en su vida ó estuviera viéndole desde adentro del carro en este momento.

Jules había sido grosero y actuado sin ningún tacto. Era obvio que no le importaba causarle daño y destrozarla. Impulsivamente Alexandra abrió la puerta del carro y se echó a correr. Corrió una calle tras otra tratando de alejarse de lo que le estaba doliendo tanto. Las lágrimas que caían de sus ojos las limpiaba a manotazos. Su falta de respeto para con ella, más que su indiferencia, era lo que más le dolía.

La noche había caído. El sol a esta hora de la tarde en New Orleans se ponía temprano. Corrió hasta que quedó sin aliento, y luego lentamente, como en sueños, caminó hasta la Universidad de Loyola. Sudorosa y muy sedienta buscó por la fuentecilla de agua, y ya ahí, bebió a bocanadas mojándose la cara y el pelo una y otra vez para refrescarse. Nunca había fumado, pero en ese momento, convencida de que nada importaba, depositó unos centavos en la máquina dispensadora para comprar dos paquetes de cigarrillos y los comenzó a fumar. Un cigarrillo tras otro, ahogándose con el humo y tosiendo sin saber a donde ir ó que hacer. El mundo alrededor le parecía miserable, solitario, y un lugar horrible en el cuál la honestidad no era más que motivo de burla.

Unos estudiantes pasaron junto a ella y la miraron sorprendidos. Vestía ropas caras que le sentaban muy bien, y su pelo empapado le caía por los hombros como un manto dorado. Se encontraba fumando y probablemente su aspecto enloquecido no correspondía con su apariencia. Alzó su cabeza con garbo tratando de ganar compostura y comenzó a caminar hacia la sala de descanso de los estudiantes. El rechazo de Jules le había herido inmensamente su amor propio, pero deplorablemente, por alguna razón, también había aumentado la intensidad de sus sentimientos, lo amaba y necesitaba en su vida. Era ilógico tratar de entender porque precisamente ahora que lo había visto con otra y recibido de él nada más que desprecios.

En la sala de descanso unos estudiantes platicaban mientras otros veían una película. Se sentó en un rincón de la sala en silencio.

Cerca de las doce de la noche Jules se presentó y se paró frente a ella como un juez.

"Porque te echaste a correr?" La desapasionada actitud que Jules tenía con ella había desaparecido. Contrariamente a su actitud de siempre, su rostro estaba descompuesto por la ira. "Te he estado buscando por todos lados."

Alexandra lo miró sorprendida. Tenía una mirada tan severa en los ojos, y su cara con una expresión tan descompuesta que se soltó en carcajadas destruyendo con esto los últimos vestigios de la paciencia que Jules tenía.

"Te has vuelto loca?" Le dijo, tomándola súbitamente por los brazos y zarandeándola, incapaz de comprender porque se reía.

Alejandra dejo de reírse chupando el cigarrillo y exhalando el humo del mismo lentamente sobre la cara de Jules.

"No sabía que fumabas." Dijo, con creciente irritación.

"Yo tampoco sabía." Se rió pretendiendo ser frívola y un poco loca.

"Voy de regreso a Bridge City. Vienes conmigo ó no?" Dijo al tiempo que se apartaba de ella.

Alexandra lo empezó a seguir todavía carcajeándose.

Lejos del romance que se había imaginado, pensó Alexandra mientras Jules la conducía a Bridge City en medio del silencio más absoluto. La situación entera le parecía ridícula é irónica. Mientras ella le brindaba su devoción entera, Jules le había dado su devoción a otra.

Mirando su perfil de reojo desde donde se encontraba sentada, el rostro amenazador de Jules se veía muy chistoso. No sabiendo exactamente porque, empezó a cantar. Primero lo hizo quedo, como en un susurro, luego con sentimiento, entregando su corazón en la canción.

"Cállate!" Jules irrumpió, "cantas horrible." Casi no podía respirar de la exasperación.

Alexandra lo ignoró y siguió cantando "Misty." Sus ojos los tenía fijos en él, mirándolo con todo el reproche que sentía en este momento. Cuando llegaron frente a la casa que había habitado su hermana Jules detuvo el carro.

"Salte," demandó, abriendo la puerta del carro para dejarle salir. "La puerta de enfrente está abierta. Hay una cama ahí. No hay electricidad." Su cara se veía distorsionada por el enojo. Se metió de nuevo al carro, azotó la puerta, lo arrancó deprisa y desapareció al dar vuelta en la esquina en camino a su casa.

Alexandra se quedó parada en medio del camino de lodo escuchando por un momento el sonido de los grillos que a esta hora de la noche eran los únicos testigos de su miseria. Después caminando lentamente se metió en la casa. La puerta rechinó al meterse. Adentro los rayos plateados de luna estaban ahí fielmente como la primera vez que había estado en esa casa filtrándose a través de la ventana. Sacó el paquete de cigarrillos que le quedaba guardado en su bolsa, y sonriendo con pena lo botó en el basurero.

38

Despertó temprano y fué a casa de Jules. Era Sábado y él no trabajaba. Cuando le abrió la puerta, no se sorprendió de verla. Por el contrario era como si la esperara.

"Tengo que ir por unas horas a New Orleans, pero te puedes quedar aquí mientras regreso." La invitó. Estaba cambiado. Su cara no tenia rasgos de enojo.

"Sí, me quedo." Le dijo. Ninguno mencionó lo que había sucedido la noche anterior, parecía que deliberadamente lo abolían.

"Bueno, te veo dentro de poco."

"Adiós."

En cuanto se fué, Alexandra fué directamente a su recámara. Estaba sola en la casa. Las mujeres negras que vivían con Jules habían ido a Baton Rouge a visitar una amiga Jules le había mencionado. En este momento, nada le resultaba más placentero que el quedarse sola.

La casa era modesta, pero estaba limpia. La cama de Jules estaba bien tendida. Sus libros en orden, el tocador inmaculado. No había rastro de polvo en ningún lado. Todas las cosas en la recámara mostraban el modo meticuloso de Jules. Sus ojos se detuvieron en el pequeño bureau que estaba al lado de la cama. Su corazón tembló. La fotografía que se habían tomado juntos en México aún estaba ahí. Que hipocresía, pensó, es absolutamente increíble.

Distraídamente cogió uno de los libros y subiéndose a la cama con el propósito de leerlo, una bolsa de papel al lado de la cama llamó su atención. Estaba llena de cartas. Alexandra sacó un puñado de ellas y comenzó a leerlas una tras otra.. Hasta que sintió nauseas.

"No!" Hizo a un lado las cartas, "no puede ser posible!"

Las cartas, esparcidas sobre la colcha, eran los testimonios por escrito de la falsedad de Jules. Locamente, cogió la bolsa vaciando el resto sobre la cama. Había por lo menos unas doscientas cartas.

Había leído unicamente doce, pero cada una de ellas era de una mujer enamorada de Jules, que tenía un hijo de Jules y que se quejaba porque él no le había escrito. Jules la había condenado por su infidelidad con Thomas, y él era el mayor de los infieles.

Frenética, tomó la foto que Jules tenía de ellos como símbolo del amor que en México le había prometido, y la hizo pedazos. Después cogió las tijeras y con ellas cortó los rizos de su cabellera hasta quedarse casi calva. No estaba llorando. Tenía la boca seca, estaba mareada, y sentía una pena enorme. Llena de disgusto, salió tambaleante fuera de la casa y vomitó en el hoyo en el cuartito de baño. Cuando se volvió a la casa, Jules había regresado. Estaba parado en medio de su recámara viendo atónito las cartas que estaban esparcidas sobre la cama, su pelo esparcido por todo el suelo y con incredulidad a lo pelón de su cabeza. Estaba pálido. Sin contenerse fué directamente hasta él y comenzó a golpearlo, no pudiendo ocultar la furia que sentía.

"Eres el más miserable, el más falso, el más deshonesto, el más..." No pudo continuar, los sollozos la avasallaban.."Porque no me dijiste que tu estilo es traer hijos al mundo en todos lados?" Le gritó. "Das asco!"

"No era de tu incumbencia esculcar mis cosas," respondió vehementemente recogiendo las cartas que estaban sobre la cama y volviéndolas a poner dentro de la bolsa, "aún entre casados no se dicen todo. Tenía planes de casarme contigo, y consideré que esto no era algo que tenías que saber."

"Eres tan asqueroso, repulsivo, y vil. Todavía no puedo creer que seas así." Lamentó.

Pero la verdad es que quería morir, y hubiera deseado que él estuviera lo suficiente enojado con ella para darle una puñalada en el corazón y terminar de una vez por todas con el desorbitarte dolor que sentía, y la dejará así olvidar su falsedad.

La abrazó en sus brazos y ella cayó de rodillas, incapaz de refrenar la debilidad y deseo que había nacido cuando cayó de rodillas a su lado.

"Voy a irme de aquí mañana," murmuró, llorando incontenible, "voy..voy.."No pudo hablar, le había cubierto el cuerpo con el suyo, enloqueciéndole el alma.

A la mañana siguiente se fué de New Orleans, como si huyera del diablo. Iba huyendo de la extraña y absurda fascinación que Jules le despertaba a pesar de las sórdidas cosas que ahora sabía acerca de él.

Irma Noriega

39

De regreso en New York las cosas parecían haber recobrado su normalidad, pero no era así. Su amiga Hilda, cargada de pena se había regresado a México al enterarse que estaba embarazada y su novio, con irresponsabilidad é indiferencia le había pedido abortar. En cuanto a su hermana, se había ido a vivir con su novio, dejándola sola a vivir en el departamento que habían compartido tiempo atrás las tres.

El sonido del teléfono la sobresaltó. Había estado sentada en la penumbra de la sala escuchando a Bach, recordando cosas tristes que habían pasado.

"Bueno?"

"Niña, estuve pensando que es mejor que vengas a vivir con nosotros," Bella dijo. "Nuestro departamento es grande y de este modo no estarías sola. No crees?"

"Gracias Bella. Voy a pensarlo."

"Okay, niña. Piénsalo, pero no tomes mucho tiempo. Nosotros queremos ayudarte." Bella dijo.

"Lo sé. Gracias."

"Déjanos saber tan pronto quieras mudarte. Está bien."

"Te avisaré, gracias otra vez. Adiós."

Después de que Bella colgó. Alexandra comenzó a desvestirse, apagó la luz, y se metió en la cama. No quería recordar lo que había pasado. Lo único que quería era no sentir ni pensar. Sin pensar no podría herir tanto la pena. Cerró los ojos.

Irma Noriega

40

Conseguir trabajo como telefonista ó como encargada de la oficina de registros en un hotel en New York era fácil. A nadie le atraía esa clase de trabajo. Era una locura lidiar todo el día con gente loca demandando locuras en medio de un mundo que ya era por sí de locura. Tenía dos trabajos. De uno iba al otro. Esa noche saliendo del trabajo al llegar a casa halló la carta.

Su padre había muerto en medio de su última aventura. Alguien lo había encontrado tirado y muerto al lado de una banqueta una mañana en el Invierno. Lejos y ajeno a todo y todos lo que significaban algo para él, su espíritu finalmente se había doblado esclavizado por el alcohol. Bajo su influencia maléfica, no había dudado un segundo para perderlo todo. El escalofriante premio de su vicio había sido su horripilante muerte, así como la miseria y desastrosas consecuencias que su vicio había traído con él sobre su esposa y sus siete hijos.

Alexandra leyó las noticias en silencio sin llorar. El terror que había experimentado en su niñez terminaba con esas noticias. En México su hermano menor había ido a Guadalajara a identificar el cadáver que yacía mutilado en la fosa estatal, donde se le había efectuado la autopsia requerida para los cadáveres de desconocidos no reclamados.

Irma Noriega

41

En casa de Bella se sentía en casa. Bella siempre le hablaba de Jules, y cuando lo hacía, Alexandra enamorada todavía de él, se preguntaba como habrían tornado las cosas si Thomas no hubiera interferido en su relación. A pesar de estos pensamientos, por primera vez en semanas todo estaba en orden. No tenía nada de que preocuparse, se sentía al fin segura y protegida. Pero esa mañana, un poco después de que Bella se había ido a trabajar, su esposo se metió a su recámara. Estaba todavía dormida y no notó su presencia sino hasta que sintió que alguien le acariciaba la cara y entonces se despertó espantada.

"Shh... shh," Willie le pidió inocentemente poniendo un dedo sobre sus labios. "No te espantes, Alexandra, soy yo." Sonreía idiotamente.

"Que quieres?" Alexandra preguntó cortante sentándose sobre la cama y arropándose con las cobijas. "Porque no fuiste a trabajar? Dónde está Bella?"

"Te deseo, Alexandra," sonrió lascivo. "Te he estado espiando cuando te desvistes, y por entre las cortinas cuando te bañas."

Alexandra sintió deseos de gritar, pero se contuvo. Se quedó sin saber que hacer sorprendida por lo que acababa de oír deseando no haberlo oído. Sin embargo, la voz de Willie estaba ahí sonando distorsionada en sus oídos.

"Tú debes haberte dado cuenta a estas alturas," continuó con tono secretivo respirando agitadamente, "de que Jules no va a casarse contigo. Lo hubiera hecho si hubiera querido desde hace mucho, pero no quiere casarse contigo. Yo te deseo," lo dijo como esperando que lo que decía era algo que ella deseara. "Yo puedo darte lo que Jules no te da—amor, ponerte un departamento, y darte todo lo que necesitas. Bella no tiene porque saberlo. Ella está en el trabajo ahora. Me quedé en casa para hacerte el amor." La cogió por el brazo, acercando su libidinosa cara junto a la de ella.

Alexandra se levantó de la cama abruptamente.

"Quién y qué en el mundo," gritó fuera de sí, "te hace pensar que me gustas, que voy a aceptar tu cochina proposición, y más que nada que voy a traicionar a mi amiga Bella que tan amablemente me recibió en su casa?" Sus ojos echaban chispas. "Que clase de persona crees que soy? Si tú careces de honor para tú esposa yo sí lo tengo. Nunca podría hacer el amor contigo. Lo oyes? Nunca! Tipos como tú me dan asco."

"No le digas a Bella por favor." Le suplicó temeroso. "No te creería de todos modos."

Alexandra se le quedó viendo con lástima y con todo el asco que el hombre le causaba. "No," dijo firmemente, "no voy a decirle, pero no se lo voy a decir no porque me lo pides sino por ella. No merece sufrir como sufriría si supiera esto. No la mereces ni ella merece la clase de hombre que eres tú. Ahora, si no te importa," añadió despectivamente, "necesito vestirme, y no necesito tenerte en el cuarto como testigo."

Willie, que había ido a pararse en uno de los rincones de la habitación al ver su reacción, la miraba con cara de pánico.

"No se lo vas a decir a Jules, ó sí? No te creería tampoco. Me creerá lo que yo le diga."

"Si se lo digo ó no se lo digo es algo que no vas a saber."

Alexandra remarcó con impaciencia. "Me voy a vestir. Que no me oíste, lárgate!"

Willie se dio la media vuelta, mordiéndose los labios, y salió de del cuarto. Alexandra no tardo en vestirse y salió inmediatamente a la calle. Lágrimas le corrían por los ojos. Su padre les había relatado frecuentemente como Diógenes, un filósofo de la antigua Grecia había caminado por toda la ciudad con linterna en mano buscando un hombre honesto, sin encontrar alguno. Las conclusiones de Diógenes eran acertadas. En realidad era difícil encontrar un hombre honesto.

"Estoy completamente harta." Se dijo al llegar al Central Park. "No soporto esta vida. Me voy a México."

La épica había resultado diferente a lo que había esperado. Jules no le había propuesto matrimonio como lo había esperado, y el mito de que los hombres aprecian grandemente el trofeo de la virginidad, era solo un mito. Jules había estado más interesado en ella antes de acostarse con ella que después. Y también había conocido hombres como Ralph y Willie.

Sintiéndose desolada, se sentó en el pasto y miró a los pichones que estaban cerca. Un poco más lejos los patos nadaban felices, rascando con sus picos su plumaje sin darse cuenta del sufrimiento humano. Suspiró y levantó sus ojos hacia el cielo, al otro lado del parque, el cielo estaba semi-cubierto con las inmensas é inconmovibles masas de edificios simbolizando un poder falso. Era sorprendente que el Central Park se preservara como un pedacito de solaz y belleza en medio de un mundo tan técnico y artificial.

Irma Noriega

42

"Me voy a regresar a México."

Mariana, que alimentaba al niño que había tenido, miró a Alexandra sorprendida. "Porqué?" Le preguntó.

Alexandra parpadeó dos veces, primero mirando hacia la ventana, y luego mirando rápidamente a su hermana. Mariana tenia un bebé muy lindo, y todo marchaba bien con ella y su novio.

"Ya me canso esta farsa," Alexandra explicó después de un rato. Tenía los ojos fijos en la ventana. "Al principio resultaba interesante vivir aquí, pero ahora ya no. Ya no lo soporto. No es que me eche para atrás, es que no he podido ajustarme a la vaciedad de esta vida, y a mucha gente que no muestra ningún sentido de moralidad, y para quienes todo es válido. Es todo."

"Entiendo a lo que te refieres. A mí tampoco me gusta, pero por lo pronto me siento feliz." Mariana concluyó. "Cuándo te vas?"

"Mañana," Alexandra dijo, caminando hacia la puerta para evitar hablar más. "Cuídate y cuida bien de tú niño. Oíste? Está bellísimo!"

"Lo haré." Dijo su hermana. "Cuídate tú también, y déjame saber como están los niños en México."

Se besaron y salió. Lo único que necesitaba era empacar, y avisarle a Bella que se iba. Volteó hacia atrás su cabeza y agitó su mano para decirle a su hermana adiós otra vez más.

Irma Noriega

43

"Niña, siento mucho que te vayas." Bella le dijo, tan sorprendida como su hermana había estado. "Desearía que no te fueras." Se detuvo. "Que pudieras quedarte aquí con nosotros." Vino hacia ella y la abrazó. "Estás segura de que quieres marcharte?" Bella estaba casi llorando. "Si te vas," dijo tristemente, "no vas a conocer a mi bebé. Va a nacer el mes que viene, no quieres quedarte hasta que nazca para que lo conozcas."

"Bella no es que no quiero quedarme. Me gustaría quedarme, pero no puedo." Alexandra contestó evitando mirarle a los ojos.

"Oh, niña, siento mucho que te vayas."

Si supieras Bella, si solo supieras, pensó, mirando a Willie quién sentado en una silla cercana, escuchaba el diálogo casi petrificado.

"Bueno, si eso es lo que quieres hacer, lo respetamos, pero prométeme que me escribirás."

"Sí, sí te escribiré." Contestó rápidamente, volviéndole la espalda, y mirando con disgusto a Willie que respiraba ahora con alivio.

"Le avisaste a Jules que te regresas?" Bella le preguntó.

"No, no le he avisado, pero voy a ir a visitarle en camino a México."

No podía mentirse aun lo amaba. Parecía haberse olvidado del último encuentro que había tenido con él, y de las cartas, quizá para evitar el dolor inmenso que le daba el recordarlo.

Irma Noriega

122

44

New York quedaba atrás, con el ruido, su mecanismo, la vida superficial é impersonal. La ciudad de Nueva Orleans la encontró igual. La temperatura húmeda y calurosa. El cielo azul de siempre. Las flores frescas y fragantes. Inhaló con delicia. Se encontraba ahí, para ver a Jules sin tener idea de cual sería su reacción.

Cuando se le presentó enfrente sin anunciarse tal y como lo había hecho la última vez, Jules la miró con incredulidad. Eran las cinco de la tarde, la hora en que la jornada de trabajo terminaba. Le pareció nervioso, pero solo como por una fracción de segundo. Alexandra sonrió ampliamente y preguntó. "Vas en camino a recoger a Darla?"

Jules la miró brevemente y mientras continuó cerrando y abriendo los cajones de su escritorio como buscando por algo.

"Se mudó a Washington D. C." Le dijo mirándola por primera vez de frente al tiempo que tiraba unos papeles en el basurero.

"Oh," respondió Alexandra estúpidamente, no se esperaba esa respuesta.

"Tengo que llevar un grupo de estudiantes Sudamericanos al barrio Francés dentro de unos minutos," dijo mirando el reloj, al dirigirse hacia la puerta. "Quieres venir?"

"Sí," respondió, todavía sorprendida siguiéndole.

Una docena de estudiantes esperaban a Jules afuera de los dormitorios. En cuanto lo vieron, hicieron tremenda algarabía, le saludaron cordialmente dándole palmadas al hombro.

"Hola, como estás cuate?" Gritaban y reían con la jovialidad y festividad contagiosa y característica de los hombres Latino Americanos.

"Están listos muchachos," Jules preguntó.

"Sí, cuate, estamos listos!"

Subieron uno tras otro en los dos carros apilándose uno sobre otro, dirigiéndose al centro de New Orleans, entre risas y bromas.

La calle de Bourbon, a cualquier hora estaba llena de gente, unos que caminaban, otros adentro de los restaurantes, saliendo y entrando de las tiendas. Para los estudiantes de Latino América esta calle era una bomba. Algo que en sus países no podían ver porque estaba prohibido. En Latino América no se veían al descubierto mujeres y tran-sexuales bailando desvestidos sobre los mostradores, aceptando dinero de mujeres y hombres que los miraban, ni teatros abiertos donde hombres y mujeres tenían relaciones sexuales enfrente de una audiencia.

Alexandra se sintió un poco incómoda caminando al lado de ellos presenciando el azoro y sus deseos despertados por las obscenidades que tenían enfrente. Bueno, para todo mundo existía un mundo de placer, pero para ella esta clase de mundo era uno que ella no favorecía. Adelantó su paso frente a ellos discretamente. Los hombres siempre se le quedaban viendo cuando iba por la calle. El precioso vestido que llevaba delineaba a cada paso perfectamente su figura.

"Voy a ir a la plaza mientras los estudiantes pasean por aquí," le dijo a Jules. "Les encuentro dentro de una hora en el restaurante Mexicano."

Jules asintió en silencio, entendiendo quizá la incomodidad y agitación que sentía. Desconcertada caminó derecho por la calle.

Por alguna razón esa tarde, Jules estaba más amistoso con ella. Sus ojos, cada vez que ella había volteado a verle, los había encontrado fijos en ella.

Hacia un año de que ella había estado ahí amándole locamente, pero lo que ella había recibido a cambio había sido decepción. El avión que la conduciría a México partiría a la mañana siguiente. Esta noche, Jules todavía no lo sabía sería su adiós.

El paseo por el barrio Francés no terminó hasta bien pasada la media noche. Jules llevó a todos de regreso a los dormitorios de la Universidad, y luego la condujo a su departamento. Ya no estaba viviendo en Bridge City. Se había mudado a New Orleans cerca de la Universidad de Loyola.

Lo siguió adentro de la casa en silencio y cuando él la abrazó en la oscuridad, ella lo abrazó con todo el amor, pasión, y ansiedad que sentía por él.

"Te amo. Te amo." Dijo llorando, se sentía como mareada.

"No!" Gritó Jules de pronto, apartándola de él bruscamente y prendiendo la luz. Había una distorsionada furia en su cara. "No fue mi intención hacer esto. Tú debes ser Satanás tentándome. Yo no te quiero! Vístete!" Demandó furioso aventándole su ropa en la cama para que se vistiera.

Alexandra estaba temblando, y un rubor de vergüenza cubría su cuerpo y su cara. Pero había algo casi salvaje y escalofriante en los modales de Jules.

"Yo no te pedí que vinieras." Se vestía al tiempo que hablaba. "Vivo aquí solo, y tu siempre vienes a provocarme. No quiero tu amor. Yo no te quiero, que no lo entiendes? No sé que es lo que he hecho para merecer este infierno!"

Alexandra salió de la recámara tambaleante, estaba destruída. Su cabeza estaba como anestesiada, y sus ojos secos a pesar de que tenía tantos deseos de llorar. Fué al rincón del comedor que quedaba cerca del ventanal, y ahí se sentó en el suelo. Lejanos truenos irrumpieron en el silencio. El cielo se veía plateado, y copiosas gotas de lluvia caían con furia sobre el suelo. Hacía mucho calor y el ambiente estaba muy húmedo, sin embargo ella estaba temblando.

De súbito, se levantó, atrevesó deprisa el cuarto, abrió la puerta principal y salió afuera donde la lluvia azotaba, levantando sus brazos hacia el cielo carcajeándose.

"Qué es lo que haces? Te has vuelto loca?" Jules preguntó furioso.

Continuó riéndose como loca.

"Métete!" Pidió sin conmoverse. "Vas a despertar a los vecinos."

Continuo sus carcajadas.

"Porque siempre vienes a causarme problemas?" Tenía la cara lívida.

Alexandra interrumpió su risa y lo miró con tristeza. Caminó unos pasos y se situó frente a él.

"Aunque me has dicho lo que dijiste, vas a acordarte de esta noche, Jules Cartier," lo dijo con reto mirándole a los ojos. "Vas a recordar mis caricias y mi amor." Le brillaban los ojos. "Porque nadie va jamás a acariciarte y amarte como yo lo he hecho. Esta noche vas a recordarla siempre. Tú que me odias tanto, no vas a poder olvidarme! No es esto lo más gracioso del mundo? Ha! ha..!"

Vino furioso hacia ella, agarrándola por los brazos y empujándola hacia dentro del departamento. Alexandra se soltó desafiante. La lluvia había lavado ya sus lágrimas.

"No me toques!" Amenazó dolida. Cruzó el cuarto en unas zancadas y cogió el teléfono, marcando rápidamente un número.

"Que es lo que estás haciendo?"

"Hola, podría mandar un taxi al numero 3000 de la calle Fontainebleau? Gracias."

"A donde vas?"

Cogió su maletín, y con el se dirigió hacia la ventana, ignorando sus palabras.

"Eres la persona más incomprensible, é intrigante que he conocido." Lo oyó quejarse atrás de ella.

El taxista llegó a la puerta y tocó el timbre casi inmediatamente de que había llamado. Alexandra corrió apresurada hacia la puerta. De pronto, se detuvo en sus pasos y volteó a mirarlo por última vez. Algo dolía como fuego calcinante en su corazón, y su boca le daba un sabor amargo.

"Me voy a casa." Dijo abordando el taxi.

A través de la ventana del taxi sus ojos se encontraron con los de Jules, austeros y duros como siempre.

DE REGRESO A MEXICO

La pobreza en la ciudad de México abundaba. En las calles sucias y angostas. En las pequeñas casitas apiñadas una junto a la otra, en la transportación, en la contaminación, en los pordioseros y limosneros sentados en el suelo de las calles ó parados en las esquinas de todos los caminos. La ciudad de México comparada con las ciudades que había visto en los Estados Unidos era sin negarlo como una pequeña caricatura. Pero en México, la gente no ocultaba su risa, su buen humor, su picardía y sentimientos. En México la gente era simplemente lo que era.

Es una lástima, reflexionó mirando las docenas de niños que vendían en las calles chicles y periódicos, que en México no haya suficientes escuelas donde los niños puedas aprender, satisfacer su curiosidad y desarrollar sus talentos. México era rico en Historia, lleno de espíritus regios, historias de valentía, y altos ideales y sueños. Pero México carecía de la riqueza material que había visto en New Orleans y New York. Solo pocos de sus residentes contaban con agua caliente permanentemente, pocos tenían refrigerador, televisión, servicio telefónico, coche particular ó mayores comodidades. Eran entonces la carencia de bienes materiales é insinceridad intrínsicos a la pobreza así como la frivolidad é hipocresía intrínsicos a la riqueza? Se preguntó al tiempo que sus ojos recorrían los lugares que le resultaban familiares y también distantes en su vida. Venía a casa en busca de refugio, pero la palabra hogar desde que su madre murió había perdido ese significado.

127

Al bajar del taxi corrió hacia dentro de la casa feliz. Sus hermanos y hermanitas la esperaban en la sala formados en línea para saludarla. No se veían muy entusiasmados con el encuentro, mostraban una tímida sonrisa, pero ella los abrazó y besó como si no notara. Quién lo figuraría? Pensó con nostalgia, que unicamente tres años que pasaron nos cambiarían a todos.

46

El tiempo que pasó en los Estados Unidos quedó atrás de su memoria con el ajetreo de conseguir trabajo y con los quehaceres de cada día. Sin embargo, una punzada de tristeza la agobiaba por las noches llenándola de desilusión, nostalgia y lágrimas que limpiaba violentamente tan pronto brotaban al no poder ya más contenerlas. Parte de su ser, no importaba lo que dijera, se había quedado en New York, donde había corrido tan libremente por el Central Park, y en New Orleans, donde sus sueños se habían roto.

Esa mañana había ido al doctor, pero ahora que había ido sentía que la cabeza le daba vueltas con locura. Era increíble. Había hecho el amor con Jules una sola vez pero sin embargo el doctor le había dicho que estaba embarazada. Tenía la sensación de estar girando en una corriente que le robaba la razón y bombardeaba su mente con una mezcla de inexplicables sentimientos.

Se echó a correr como siempre se echaba a correr cuando confrontaba algo que la perturbaba. El hecho de estar embarazada le producía a la vez maravilla y terror. En todo el mundo no había otra empresa tan difícil como el ser madre. Era sin par, la empresa más apasionante, más desafiante y noble de todas las empresas, pero sobre todo la que causaba el mayor miedo. Tenía pánico de los cambios que experimentaría en su cuerpo, y de saber, que dentro de su cuerpo un pequeño ser estaba formándose, ajeno a toda hipocresía y maldad.

En México teniendo un hijo sin casarse no sería nada fácil, de las mujeres recibiría lástima, miradas reprobadoras, y de los hombres recibiría proposiciones groseras.

La sociedad Mexicana era intolerante al juzgar las relaciones ilícitas. En México, eran generalmente las mujeres, y no los hombres quienes tenían que adherirse a los códigos sexuales de restricción. Las mujeres que nos se adherían a ellos, eran echadas a un lado consideradas indecentes y fáciles. Aún sus mismos hermanos y tía, cuando se dieron cuenta de que estaba embarazada, la trataban sin ningún respeto, diciéndole constantemente que era una pérdida que había ido a los Estados Unidos con el único propósito de darle rienda suelta a sus pasiones.

No importaba lo que sufriera, con todo y habladurías, había resuelto tener al bebé y afrontarlo todo. Adoraba a este bebé más que nada. En la vida de Jules, se había añadido a la lista de las mujeres que cautivadas por su cuerpo y sus mentiras habían sido dejadas preñadas por él.

47

"Hola, como estás?"

Enfrente de Alexandra estaba la sorprendida cara de Hilda que la miraba como si hubiera resucitado de los muertos.

"Hola," Hilda contestó nerviosa, "cuando regresaste?"

"Hace un mes. Cómo te ha ido?"

"Bien," dijo con vacilación. "No puedo quejarme." Tenía la puerta entre cerrada y llevaba puesto una bata usada. Se veía pálida, y no quedaba nada de la brillante y luminosa personalidad que tenía antes Hilda.

Cuanto afecta tener una mala experiencia. Puede destruirlo a uno. Alexandra pensó. Hilda era el vivo retrato de la depresión.

"Puedo entrar?" Pidió en voz alta.

"Sí, sí, lo siento," se disculpó Hilda, abriendo la puerta, "me sorprendiste tanto que me quedé sin saber que hacer."

"Oí que tuviste una nenita, puedo verla?"

"Claro que sí, pasa," dijo caminando nerviosamente enfrente de ella para dirigirse a la recámara.

"Qué bonita está! Wow! Debes estar muy orgullosa de ella verdad?" Alexandra dio voces cogiendo la nena en sus brazos.

Hilda sonrió a medias, mirando la austera cara que tenía su madre mientras leía un libro sentada al pie de la cama adyacente a la cuna.

"Cómo esta Ud. Sra. Martínez?" La saludó Alexandra amablemente.

La señora Martínez no contestó. Dejó el libro que leía al lado de la cama levantándose, y salió de la habitación. Alexandra asumió que la mamá de Hilda le echaba la culpa en parte por el embarazo de su hija. Después de todo, Hilda se había ido con su hermana y ella a los Estados Unidos.

"Vendrás a visitarme alguna vez?" Le pidió a Hilda antes de despedirse.

"Sí." Contestó Hilda. Pero los días se sucedieron unos con otros, y nunca fué a visitarla. El trabajo le quitaba casi todo el tiempo, y otras responsabilidades hicieron el verse imposible. Quizá más bien fue esa la más aceptable excusa que ellas pudieron encontrar para evitar confrontar mutuamente tiempos ya idos cuando eran más jóvenes, carecían subterfugio, y no habían todavía aprendido que la vida podía ser tan cruel.

48

Su bebecito comenzó a patear a media noche, rompiendo con sus pataditas el saco en el cuál flotaba.

"Ha llegado la hora del bebé de venir a este mundo," dijo mirando el reloj que marcaba las doce de la noche.

Se vistió, empacó las cobijitas que tenía preparadas para el bebé, las puso adentro de una bolsa de hule, y salió caminando aprisa hasta la avenida para encontrar ahí un taxi. La compañía donde trabajaba cubriría el gasto de hospital, sin embargo, cuando llegó al hospital asignado para tener el parto no pudieron recibirla, estaban sobrecargados de pacientes. La transportaron a una clínica subsidiaria ubicada al otro lado de la ciudad, parada dentro de una ambulancia junto con otras seis mujeres parturientas, quienes gritaron desaforadamente todo el tiempo que duro el viaje.

Como reses, apretadas unas junto a otras se asieron de la barra de acero que estaba en el techo de la ambulancia, mientras los despiadados chóferes haciendo piruetas manejaban como desalmados por las calles para llegar lo más pronto a al clínica donde finalmente todas parirían. Alexandra estaba tan espantada, que no podía gritar. Ganas no le faltaban, pero cuando abría su boca el dolor se intensificaba. Tampoco quería gritar y transmitirle con sus gritos a su pequeñito la idea de que ella no lo quería.

Las mujeres que iban viajando con ella se veían y sonaban patéticas. Alexandra no quería oírse ni mirarse como ellas, maldecían a todos los santos, al cielo y al infierno por los dolores que estaban pasando. Ella se había entregado a Jules. Ahora, le tocaba afrontar las consecuencias de lo que había escogido, con estoicismo, solemnidad, y amor.

Irma Noriega

49

El cuarto estaba helado. Alexandra titiritaba de frío. Se encontraba desnuda. La clínica tenía tantas parturientas esa noche, que no les quedaban batas limpias para más pacientes, ni siquiera sábanas. No sabía que le iba a pasar, pero las otras mujeres que yacían en las camas encueradas como ella, aullaban lastimeramente de dolor, gritando que este bebé por nacer sería el último que tendrían.

"Todo saldrá bien," se repetía una y otra vez en silencio, tratando de fijar su atención en otra cosa que no fuera el intenso dolor que la estaba casi adormeciendo y trayendo como tinieblas frente a su vista.

En la clínica, no había anestesia, ni calefacción, ni pastillas para aminorar el dolor, ninguna atención especial, para todas esto era un parto natural. Alexandra estaba sudando copiosamente, a pesar de que estaba temblando de frío. Nunca en su vida recordaba haber sentido tanto frío y tenido este intenso temblor producido por la tensión en que se encontraba su cuerpo.

"Aquí Uds. se quejan é imploran a todos los santos, pero se olvidan de implorarlos y de quejarse cuándo cohabitan con sus esposos, lo que hacen entonces es pedirles más."

Decían las enfermeras con sarcasmo cuando de vez en cuándo pasaban tomándoles la temperatura. Le parecían horribles en sus batas blancas, indiferentes al clamoreo de dolor que tenían a su alrededor. Los comentarios que hacían eran fuera de tono é inapropiados.

El bebé de Alexandra nació a las doce del día. Estaba precioso, perfecto, y pequeñísimo! Sus ojitos estaban cerrados y sus piecitos y manos estaban exquisitamente formados. Sintió un profundo alivio al verlo saludable. Lo acercó a ella con extremo cariño, se veía tan pequeñito y frágil. Besó con ternura la pequeña frente sintiendo dentro de sí una felicidad enorme.

"Pequeñito, dulce pequeñito." Dijo quedo.

En el tercer piso las mujeres que habían parido al tiempo que ella rodearon su cama para mirar a su bebecito.

"No se parece a ti."

"Es tan diferente."

"Está muy chiquito y moreno..."

"Se parece a tu esposo?"

"Dónde está tu esposo?"

Preguntas y preguntas, cuando iban a parar?

"Mi esposo está de viaje," mintió, "y, mi bebé se parece a él. Su papá es de Haití."

"Qué gracioso está." Comentaron riéndose.

Pero no tenían que decir una palabra más para que ella supiera lo que estaban pensando. Era obvio.

50

Después de que su bebé nació las cosas en casa no fueron fáciles. Mientras se iba a trabajar, una de sus hermanitas le dijo, sus dos hermanos molestaban y le pegaban a su pequeño hijo.

"Mira," ellos decían, exhalando el humo de sus cigarros en la cara de su hijito, "el idiotita se ríe cuando le llamamos chango. Que gracioso. El pobrecito es tan horrible!"

Las noticias no solo causaron un enfrentamiento terrible con ellos sino que también la dejaron abatida y exhausta.

"Son unos mounstros." Les dijo "No nos gusta," dijo uno de ellos, "que es lo que no te parece claro?"

Era en vano discutir, se dio la media vuelta y salió del cuarto. Había sido una mala idea regresar a México. Había venido a buscar paz para ella y su hijo, pero se encontraba en medio de un infierno. Las palabras que dijera otra hora su padre resonaron en sus oídos: "un amigo es más peligroso que un enemigo, porque al enemigo ya lo conoces como tal, pero no a tu amigo." Pero en este caso, los enemigos eran sus hermanos no sus amigos.

En cuanto a Mariana, había venido de vacaciones por unos días. Estaba bien de salud, pero su carácter, tal y como había pasado con Hilda había cambiado. Mariana no presentaba depresión como Hilda, sino que había adquirido gestos vulgares. Su bello pelo negro lo había pintado con rayos dorados, vestía inmodestamente, y su lenguaje era grosero. Desde que había llegado no hizo mas que pelear con Alexandra y decirle que su hijo estaba horrible y mounstroso. Se la pasaba en fiestas toda las noches y dormía en el día, hasta que finalmente había regresado a los Estados Unidos llevándose con ella todos los vestidos de Alexandra mientras se encontraba en el trabajo.

Alexandra miró el closet vació y luego se miró al espejo. Su entusiasmo y vehemencia de antaño habían desaparecido dejando en su semblante una sombra de tristeza.

Su familia desde que tenía memoria no había sido una familia unida, sino una familia de odios y rencores. Su abuelo odiaba a su padre a causa de su borrachera, lo consideraba la desgracia de la familia y lo maldecía cada vez que lo veía. Su único hermano, también lo odiaba, porque se había casado con la mujer que él amaba. Ninguno de sus familiares les hablaba. Ella y sus hermanos eran despreciados por todos. No habían hecho nada, pero sin embargo el alcoholismo de su padre los había despersonalizado y nombrado "hijos del alcohólico." Y ese nombre los excluía de todos. Realmente era una familia muy peculiar, Alexandra pensó, y los epítetos más que destructivos, ella sabía muy bien esto.

51

Se acercaba la época de Navidad. Bajó del camión que la conducía a su casa y de súbito se topó frente a frente con Jules. El recuerdo de la última vez que pasaron juntos aun le dolía, pero él parecía que lo había olvidado. Estaba frente a ella con la insolente audacia de ver a su hijo.

"Ven a verme al hotel esta noche," lo oyó que decía interrumpiendo sus recuerdos, "estoy hospedado en el hotel Hilton en el cuarto 205."

"Para qué?"

"Para pasar la noche juntos?" La tomó de la mano al decir esto.

Para Alexandra fue como si la abofeteara y se ruborizó.

"Crees de verdad que soy tan fácil," estaba respirando agitadamente a causa de la humillación, "que puedes dejarme y tomarme a la hora que quieres?"

"Tienes un hijo de mí." Lo dijo como jactándose, "no tienes nada que perder."

Lo miró con desprecio. "Si fuera hombre," le dijo desafiante, "te rompía el cuello."

Jules tomó aire, y miró a lo lejos para ocultar su momentánea confusión, luego dijo.

"Me voy."

"Vete." Le contestó, y Jules se fué.

Irma Noriega

52

Después de que murió su abuelita en la casa siempre había peleas. Su tía de ochenta años, que había tomado las riendas de la casa siempre la culpaba de ellas.

"Te crees gran cosa, Alexandra, pero no eres nada. Tu caída va a ser grande, espera un poco y lo verás." El tono de voz de su tía era reprobador.

Su tía siempre estaba sentada en una silla cerca de la puerta de la entrada principal cubierta con un chal negro. Solo mirarla le causaba miedo. Desde que era pequeña, su tía le guardaba gran antipatía.

"Goza de tu Abril y Mayo Alexandra, que tu Agosto llegará!" La voz de su tía sonaba clara y fuerte en sus oídos repitiéndole una y otra vez el augurio que le deparaba.

Cogió a su hijito Franco en los brazos y subió con él a la azotea. La tierra desde arriba se miraba plena y fructífera, rica en belleza y ensueño, pero el mundo, y mucha gente que ella conocía eran complicados. Vivir en amor y paz parecía inalcanzable. Miró hacia la distancia, el horizonte se había tornado súbitamente grisáceo, como si la tierra estuviera protestando y mostrara de este modo su disatisfacción con los recientes acontecimientos. Se sentó en el suelo y acarició a su hijito. Para vivir en paz y sin peligro tenía que irse pronto de ahí. Vivir en un ambiente saludable era esencial para sobrevivir. Pero adonde podría encontrar ese lugar?

"Utah!" Gritó. "Cómo no pensé antes en esto?"

La sede del Mormonismo estaba en Utah. A principios de 1800's pioneros de la Iglesia Mormona, perseguidos y diseminados por masas de fanáticos, habían cruzado las planicies de los Estados Unidos en busca de libertad religiosa. Bajo la dirección y el mandato de Brigham Young, su profeta, fundaron la próspera ciudad de Lago Salado, cuando el profeta declaró a sus seguidores que habían llegado al lugar profético.

Warren vivía en Utah, Alexandra pensó, pero, querría ayudarla después de que habían pasado tantos años? Bueno, concluyó Alexandra, solo hay un modo de saberlo.

53

"Hola?" Alexandra escuchó la voz femenina al otro lado de la línea telefónica.

"Hola," contestó Alexandra, "puedo hablar con Warren?"

"Un momento, por favor."

Después de un minuto que le pareció una hora, Warren contestó.

"Hola?" Dijo.

"Warren? Habla Alexandra, te acuerdas de mí?"

"Cómo estás Alexandra," dijo, "que sorpresa!"

"Estoy bien, y tú?"

"Estoy bien," Warren Maxwell contestó riendo a medias. "Me casé hace unos años." Explicó. "Y tú, te casaste?"

"No," dijo cortada, "no me casé pero tuve un hijo de Jules. Te acuerdas de Jules?"

"Sí, con él que ibas a casarte."

"Sí, me acuerdo que te dije que me iba a casar, pero no lo hice. Yo quería casarme con él, pero él no quiso casarse conmigo."

"Siento mucho que no te hayas casado," indicó después de un minuto de silencio, "Lo siento mucho," repitió. "Quién iba a saber que las cosas sucederían así."

Alexandra no contestó. Cerró los ojos. Warren Maxwell había venido a decirle adiós. Tenía estrellas en los ojos—su tiempo como misionero de la Iglesia de Jesucristo de los Santos de los Últimos días había terminado. Agitó su cabeza volviendo al presente.

"Alexandra, me oyes?

"Si, te oigo, quién iba a imaginarse que las cosas sucedieran de este modo." Dijo tratando de sonar natural.

"Conocí a Alysjo hace unos años, y me casé," confesó, "tengo cuatro hijos."

Se quedó en silencio.

"Alexandra, que necesitas?" Preguntó Warren.

"Quiero ir a Utah. Si voy quisiera pedirte, si fuese posible quedarme en tu casa por un tiempo, mientras encuentro un trabajo y lugar a donde vivir?"

"Claro que puedes!" Le contestó amistoso, "tú sabes que siempre serás bienvenida en mi casa."

"Pero que dirá tú esposa?" Expresó preocupada. "Estará de acuerdo?"

"Sí yo digo que está bien, ella va a decir lo mismo."

"Estás seguro?"

"Estoy seguro." Rió con ternura, "cuando vienes?"

"No estoy segura todavía, necesito preparar unas cuántas cosas. Cuando esté lista, te llamaré del aeropuerto para que me vayas a recoger."

"Okay," dijo, "mientras tanto, no te preocupes acerca de mi esposa, todo resultará bien."

"Gracias. Hasta pronto."

"Hasta pronto."

EL REGRESO

Las leyes de inmigración para ir a los Estados Unidos eran rigurosas. No todas las personas que se formaban en línea para solicitar visa tenían la suerte de obtenerla. Una gran mayoría eran rechazados, rompiéndose con esto la ilusión que habían forjado de iniciar en el país del norte una mejor vida.

Su corazón temblaba. Apretó el pasaporte nerviosamente adentro de su bolsillo, y miró hacia enfrente, había dos personas adelante de ella, y entonces le llegaría su turno de ser interrogada por el oficial. Necesitaba mostrarse calmada y segura cuándo le tocara, aún cuando por dentro estaba muy nerviosa. Respiró profundamente.

"El siguiente!" El hombre que estaba detrás del mostrador gritó con despreciativo y arrogante tono.

Alexandra avanzó, segura, y sonriendo.

"Buenos días!" Dijo.

"Su pasaporte?" Pidió con frío acento, sin contestarle el saludo.

Sacó el pasaporte del bolsillo, y se lo entregó al hombre nerviosa.

El hombre hojeó las páginas del pasaporte con rudeza.

"A donde va?" Preguntó cortante.

"Voy a visitar a unos amigos que viven en Utah." Le contestó sonriendo.

"Humm." Murmuró, mirándola con agrio desprecio. "Quién es éste en la foto?"

Su actitud y tono eran los que asume la gente cuando tratan de demostrar que tienen el poder, y autoridad de decidir sobre las vidas de otros.

"Es mi hijo," contestó amablemente.

Sus ojos helados se quedaron viendo la foto por unos segundos sin decir nada.

"Lo siento, no puedo darle la visa." Gruñó al tiempo que garabateaba algo en el pasaporte y se lo regresaba.

"Porqué no?" Preguntó.

"No puedo dártelo. Eso es todo." Replicó. "El siguiente." Gritó mirando a otro lado.

Alexandra se mordió los labios ruborizándose de humillación, tomó el pasaporte, y se alejó de ahí destrozada. El hombre le había negado la visa, pero su rechazo no iba a destruirle sus propósitos. Estaba determinada a volver a los Estados Unidos y eso era lo que iba a hacer no importaba lo que tuviera hacer para lograrlo.

Al salir del edificio había comenzado a llover. En la lejanía un rayo cortó el cielo en dos. Apresuró el paso y caminó decididamente las dos siguientes cuadras deteniéndose sin vacilación al llegar frente a una puerta giratoria.

"Necesito hacer una llamada al Canadá la pago aquí."

"Vaya por favor, a la cabina 4," la operadora señaló amablemente, "con quién desea hablar, con cualquiera que conteste?"

"No, con el señor Braulio Pérez, por favor."

"Okay."

Cuando la operadora lo indicó, descolgó el teléfono con mano temblorosa.

"Hola?"

"Braulio, eres tú?"

"Sí, quién habla?"

"Habla Alexandra, como estás?"

"Alexandra, que sorpresota! A que se debe el milagro?"

"Bueno, que te puedo decir, no tengo justificación al no llamarte, pero ahora te llamo porque te necesito."

Hubo un profundo silencio al otro lado de la línea, luego. Braulio habló.

"Que puedo hacer por ti?"

"Bueno, quiero regresar a los Estados Unidos, pero me han negado la visa para mi niño. Quería saber si podía utilizar tu

146

dirección como referencia, volar a Canadá, y entrar a los Estados Unidos por la frontera Canadiense?"

"No tendría ningún problema con eso." Respondió Braulio rápidamente. Alexandra podía imaginarlo al otro lado del teléfono como todo un hombre de negocios, paseando de un lado a otro de la habitación mientras platicaba. "Te puedes quedar en mi casa todos los días que quieras, y cuando te quieras ir te puedes ir de aquí a los Estados Unidos. Mi esposa y yo te habíamos estado invitando, tantas veces. Te va a gustar aquí. Canadá es muy bonito."

"Gracias, Braulio, lo aprecio de verdad. Me quedaré en tu casa solo unos días nada más, porque quiero llegar a mi destino cuánto antes."

"Te entiendo. El tiempo es dinero, como dicen los "Gringos.""

"Sí, el tiempo es dinero, y ya he desperdiciado bastante tiempo yendo de los Estados Unidos a México, y viceversa.

"Porque ha pasado eso?"

"Por problemas. A todos lados que voy, me persiguen."

"Eso le sucede a todos. Tienes que tener paciencia. Cuándo llegas?"

"Pronto, tan pronto saque otro pasaporte para mi y mi hijo."

Hizo una pausa. "No necesitamos visa para entrar al Canadá, verdad?"

"No, no la necesitas. La visa no es necesaria para entrar de México a Canadá. Ya te lo había dicho. Tú pasaporte es suficiente."

"Magnífico! Eso hará las cosas más fáciles. Cómo va tu trabajo, y lo demás?"

"Absolutamente bien. Nos encanta vivir aquí. No me arrepiento de haber pedido que me trasladarán de mi trabajo aquí. Nos ha ido muy bien. Mi esposa está encantada a pesar del frío que hace."

"Me alegra saber que todo está bien, y que Uds. están bien."

"Ya era hora, después de todos los ajustes que tuvimos que hacer."

"Tienes razón," dijo breve, no quería inmiscuirse. Braulio y Sally habían tenido dificultades y habían estado varias veces al borde de divorciarse. "Estaré ahí dentro de un par de semanas." Alexandra cambió el tema delicadamente. "Te llamaré desde el aeropuerto si te necesito, y si no, te veo en tu casa."

"Hecho, entonces. Que sea seguro, oíste? Tenemos muchas ganas de verte."

"Yo también, Braulio, un millón de gracias! No voy a olvidar este favor que me haces."

"Somos amigos, que no recuerdas?"

"Si, si me acuerdo. Gracias"

"Adiós."

Colgó contenta. Tenía problemas, pero tenía suerte de tener buenos amigos. Gente con quién podía contar cuando necesitaba ayuda. Cuando salió de la embajada Americana momentáneamente se había sentido sin opciones, circunscrita a quedarse en México en un lugar hostil. Afortunadamente se había acordado de su amigo Braulio. Vivir en paz es lo que deseaba. Paz, y una vida buena para ella y su niño.

"Hola, mi pequeñito. Adivina que? Vamos a irnos a Canadá."

Alexandra le notificó a su hijito, balanceándolo en el aire.

"Y de ahí, nos iremos a Utah. Vamos a volar en un avión inmenso. Vas a ver."

"Podremos ver las nubes desde el aeroplano, mami?"

"Sí, las veremos. Se van a ver preciosas. La vista será estupenda. Va a ser emocionante."

"Sí! Quiero volar en un avión."

"Será dentro de algunos días, dulzura. Necesito conseguir otro pasaporte y consiguiéndolo tendremos todo listo para irnos."

Rió con una risa llena de esperanza. El futuro se miraba color de rosa. Nada era más importante que procurar el bienestar para su hijito y para ella, aún que esto implicara el irse a otro país sin tener visa para hacerlo.

55

Volar era glorioso! La tierra se veía magnífica desde el cielo. Llevan de equipaje muy poca ropa pero su corazón estaba repleto de sueños y valentía. Su pequeño Franco estaba sentado en su regazo mirando las nubes con una sonrisa. Para que él fuera feliz ella podía tratar cualquier cosa.

Tenochtitlán quedaba atrás—la ciudad del sol, sus sueños de niña enterrados en la distancia con su desencanto. Alexandra secó sus lágrimas y miró hacia adelante. La rapidez del pájaro mecánico era increíble. Cruzaron dos países en seis horas para llegar finalmente a su destino: Toronto, Canadá.

El aterrizaje fue celebrado como siempre acontecía, con la algarabía y aplauso de los pasajeros quiénes habían sido traídos a su destino salvos debido al la destreza de los pilotos. Era totalmente sin igual compartir con otros un momento de alegría unidos en hermandad. La sangre le corría aceleradamente.

Tomó a Franco de la mano, y siguió a la muchedumbre hasta la oficina de Aduana. Le dio el pasaporte con mano segura al oficial Canadiense. Se veía amable. Mientras lo revisaba, Alexandra disimuló su temor mirándolo a los ojos con confianza.

"Viene de vacaciones?" El oficial preguntó sin sospecha.

"Sí estoy de vacaciones. Me han dicho que Canadá es muy bonito. Siempre había querido venir aquí."

El oficial Canadiense sonrió ampliamente. "Sí es muy bonito. Bueno, es nuestra tierra." Sonrió al estamparle la visa en el pasaporte. "Bienvenida a Canadá. Siga la señal para recoger su equipaje."

"Gracias." Alexandra contestó amable, pero la verdad es que quería correr, correr sin parar de felicidad.

Alexandra y Franco recogieron su equipaje, y poco después tomaron un taxi para ir a casa de Braulio.

La ciudad de Toronto era un encanto. En esta época del año, estaba cubierta de nieve, pero a pesar de la nieve, la ciudad se veía extraordinariamente limpia, y bella. El termómetro a lo alto de un edificio leía -26 F grados.

"Brrr," dijo abrazando a Franco. "Hace mucho frío, no crees?"

"A donde vamos ahora, mami?" Le preguntó Franco, ignorando su comentario. Sus ojos veían hacía afuera maravillados.

"A la casa de Braulio. Le vas a caer muy bien. Son buenos amigos de nosotros."

"Mira esos gansos!" Exclamó Franco.

Miró por la ventana del taxi y los vio. Volaban casi a nivel del suelo, moviendo rítmicamente sus ondulantes alas. La vista era estupenda. Arrobadora. La vida era bella, ofreciendo la oportunidad de presenciar maravillosas cosas como esta.

"Wow! Se ven preciosos."

"Mira, allá.. el lago!" Franco gritó señalándolo con su manita.

El lago parecía un espejo plateado en el cual unos cuántos pedazos de hielo flotaban semejando inmensos pedazos de mármol dorados por la luz solar.

"Wow!" Gritó. "Parece como el cielo en la tierra, no crees?"

"Sí. Me gusta este lugar, mami."

"A mí también, dulzura."

Abrazos y besos fue su bienvenida. Braulio y su esposa eran dos queridos amigos. Se habían casado hacía dos años, no tenían hijos y a pesar de los problemas que habían pasado, se podía ver a leguas que estaban muy enamorados.

"Pasa, pasa, cuánto tiempo sin verte. Que gusto me da verte por aquí, así que este es Franco uh?"

"Sí, este es."

"Que grande está y que guapo. Hola Franco dame un abrazo. Cuantos años tienes?" Sally preguntó.

"Tres."

Platicaron por una hora, salieron a cenar a un restaurante muy bonito, y luego tan pronto llegaron a la casa de regreso se fueron a la cama.

Hubiera estado bien quedarse en Canadá, era un lugar encantador. Canadá era un país más reposado que los Estados Unidos, y la gente se veía más dignificada y amable. Era extraño, pero la Historia de los pueblos definía la herencia cultural y social de los mismos. México en ese respecto no tenía paralelo, a pesar de la pobreza que existía, era una tierra de guerreros.

Irma Noriega

56

"Nos vamos mañana Braulio." Anunció el Domingo en la mañana. Hacía aproximadamente dos semanas y media desde su llegada.

Braulio se encontraba atrás de ella desayunando en la mesa de la cocina. "Estás segura de que no quieres quedarte un poco más? No tenemos inconveniente que te quedes un poco más."

"Me gustaría quedarme, pero no puedo. Necesito conseguir un trabajo lo más pronto posible. Franco necesita ir a la escuela."

La cara de Braulio se tornó muy seria. "No lo tomes a mal, Alexandra, pero si vas a los Estados Unidos y encuentras dificultades, quédate. No te regreses a México. Mudándote de un lado a otro no vas a conseguir nada bueno."

"Sí, ya sé. He pensado en eso." Se mordió los labios, preocupada y avergonzada de que Braulio la conociera tan bien.

"Por favor no lo tomes como crítica. No me metería, pero te tengo gran estima, y quiero que seas feliz."

"No, no me molesta. No te lo tomo a mal, Braulio. Agradezco tu consejo, y me acordaré de lo que me has dicho cuando me sienta descorazonada ó quiera darme por vencida."

"Bueno, eso espero." Se arregló su corbata. "A que hora te vas?"

"Nos vamos mañana por la mañana. Vamos a ir en camión a Chicago, y ahí voy a tomar un avión para ir a Utah."

"Ya tienes todo arreglado?" La miró preocupado. "Pensaste ya lo que vas a decir?"

"Sí. Cuando revisen mi pasaporte voy a decir que voy de regreso a México. Así no sospecharán que voy a quedarme en los Estados Unidos."

"Perfecto. Te deseo suerte. Escribe cuando llegues a Utah para que sepamos que llegaste bien."

"Sí lo haré. Gracias por el favor. No hubiera podido hacerlo si no hubiera sido por ti. Estoy sinceramente agradecida. Sally es muy linda."

"Sí, sí es, es muy linda."

"En cuanto regrese del trabajo, le dejare saber que nos vamos mañana."

"Va a estar triste al saber que se van. Le fascinó Franco. A los dos nos encanta." Se volvió y abrazó a Franco. "Te queremos Franco. Eres un niño muy lindo y bueno, tú lo sabes, verdad?"

"Yo también quiero a Sally y a ti también." Franco dijo.

Alexandra sonrió. Todo estaba listo para iniciar otro viaje.

57

Alexandra y Franco no tuvieron problemas al cruzar la frontera. Para los oficiales de Inmigración, ellos iban en camino a México. El oficial de los Estados Unidos les dio dos semanas de permiso sin darles ningún contratiempo. Había sido una riesgosa pero un astuta é ingeniosa táctica y lo había logrado. Dos semanas era lo que necesitaba para desaparecer. Primero en Detroit, luego, en Chicago.

Tan pronto como cruzaron la frontera Canadiense, el nivel de vida aceleró. Había más gente en la calle, más carros, más edificios uno tras del otro, las calles más angostas y más sucias. Los sentimientos que la embargaban eran inmensos, difíciles de controlar. Al fin estaban en los Estados Unidos.

"Warren?"

"Sí?"

"Habla Alexandra. Llegó a Salt Lake City a las seis de la tarde por Delta."

"Estaremos ahí a recogerte."

"Gracias."

"Te vemos allá."

Qué aventura. Pensó, suspirando con alivio al colgar. Había tomado dos meses desde que le había hablado preparándolo todo para cruzar la frontera. Abrazó con fuerza a su hijito mientras dejaban el aeropuerto O'Hare y la ciudad de Chicago atrás.

El avión aterrizó a tiempo en Salt Lake City. Cogió a su hijito de la mano y por los pasillos se apresuraron a recoger su equipaje. Luego, con ansiedad entre la muchedumbre sus ojos buscaron la cara familiar de Warren.

Era más alto que la mayoría por tanto no fue difícil encontrarlo. Tomando a su hijito de la mano, se acercó a donde él estaba. Los ojos sorprendidos de Warren se toparon con los suyos al tiempo que una gran sonrisa se extendió en sus labios.

"Aquí estás señorita!" Warren dijo cuando tuvo a Alexandra y Franco frente a él.

Formados en línea, junto a Warren estaban su esposa y sus cuatro hijos, dos niños y dos niñas. Su esposa estaba embarazada.

"Hola!" Alexandra los saludó abrazándolos uno a uno. "Este es mi niño."

"Cómo estás pequeñito!" Warren lo saludó alegre, alzándolo en sus brazos, "Vaya, tú si que eres un niño muy guapo."

El hijito de Alexandra que no estaba acostumbrado a recibir demostraciones de afecto de ningún hombre, sonrió complacido, sus ojos estaban brillantes. El brillo en los ojos de su hijito no cesaba de sorprenderle. Su hijito tenía los más bonitos ojos del mundo! Para él todo era nuevo, muchas cosas a las cuales adaptarse de pronto, pero parecía estar aceptando el cambio con valentía estoica.

Mientras platicaban, Alysjo, la esposa de Warren, se mantenía en silencio mirándolos recelosa. Su sonrisa no era sincera sino fingida, y de la forma que actuaba Alexandra se dio cuenta de que no estaba muy complacida con su presencia.

"Tenemos el camión en el estacionamiento. Vamos." Dijo Warren. Cargó el equipaje, y ellos lo siguieron. "Este es nuestro truck," indicó Warren señalando un camión grande que usaba para su negocio de cortar árboles y arreglar jardines.

"Anda, Alexandra, súbete. No tengas miedo. Vas estar como en tu casa," dijo levantando a Franco en sus brazos para subirlo dentro del camión.

Springville, donde vivían estaba como a cincuenta minutos de Salt Lake City, pero el viaje se hizo más rápido por la emoción. Warren no dejaba de hablar y los niños reían y cantaban.

Alexandra se sentía nerviosa. Necesitaba conseguir trabajo lo antes posible y mudarse pronto. No quería prolongar su estancia con ellos y causarles problemas. La esposa de Warren no era atractiva. Era tal vez unos años más grande que él y no ponía ningún empeño en arreglarse.

"Aquí es—esta es nuestra casa." Warren dijo, bajándose del carro y ayudando a todo el mundo a bajar. "Alysjo, muéstrale a Alexandra y a Franco su recámara. Voy a ir a casa de mi mamá para avisarle que ya hemos regresado. Regreso en unos minutos."

Alysjo asintió en silencio.

"Por aquí," le dijo, caminando dentro de la casa seguida por sus hijos, Alexandra y Franco.

La casa era bonita pero estaba sucia. Alexandra se mordió los labios. El tiradero era tan grande que no podía dejar de notarlo aunque hubiera querido.

"Siéntate," invitó Alysjo.

Alexandra se sentó en el sofá y miró a su alrededor. La sala era grande. Había una chimenea en una de las esquinas y las paredes estaban hechas de madera tallada. La carpeta era verde, muy bonita, sobre las paredes colgaban unos rifles, así como ropa, juguetes, basura, y platos sucios esparcidos por todo el piso y sobre los muebles quitaban lo atractivo de la pieza.

Su hijo había comenzado a jugar en el suelo con los niños y estaban riendo.

"Te mostraré tu recámara," Alysjo le dijo, caminando hacía la parte norte de la casa.

La recámara era bonita, pero como el resto de la casa todo estaba fuera de su lugar.

"Aquí están estas sábanas limpias," Alysjo le dijo a Alexandra, dándole un par de sábanas y un par de fundas.

"Warren y yo dormimos aquí," continuó señalando la recámara principal que se encontraba a la derecha. "Mis hijas duermen aquí y los niños aquí."

Alexandra la seguía en silencio.

Si no fuera por el tiradero, la casa podía ser... hermosa, pero no lo era. Ninguna de las camas estaba arreglada, ropa sucia, zapatos, y basura estaban por doquiera.

"Que es lo que están haciendo Uds. dos?" Warren preguntó con su característico buen humor, metiéndose entre las dos mientras hablaba. "Se están llevando bien?" Tenía una enorme sonrisa en el rostro.

"Oh, no empiezes!" Alysjo replicó. "Tú no tienes asunto aquí."

Pero Warren no le hizo caso. Se quedó por el franco de la puerta observando a Alexandra con una luz extraña en los ojos. Alexandra se volvió evitando leer en sus ojos sus pensamientos, "Gracias, Alysjo," Alexandra dijo para decir algo. "Voy a arreglar la cama."

"O.K., llámame si me necesitas para algo," Alysjo le dijo, dejando la habitación.

Alexandra comenzó a hacer la cama bajo el silencioso escrutinio de Warren, que aparentemente no tenía ninguna intención de salir de la habitación.

"Me da mucho gusto volver a verte, muchacha." Dijo, cuando Alysjo se fué.

"Me da mucho gusto verte a ti también, señor." Le sonrió dándole una mirada rápida. "Tu familia es estupenda."

"Bueno," dijo como disculpándose alzando sus hombros y mirando a su alrededor, "esto no es lo mejor que hay, pero espero que te sientas en casa."

"Me siento en casa," contestó mirando a otro lado.

"Mami, mami, donde estás?" Franco dijo entrando en la recámara en busca de ella, "ven a ver el juego que ellos tienen. Está fabuloso!"

Lo cargó en los brazos, y cargándolo, caminó hacia la sala seguida de Warren.

"Ven acá pequeñito, me caes muy bien," Warren dijo quitándoselo de los brazos. "Me caes muy bien." Repitió besándolo y balanceándolo en el aire.

A pesar del tiradero se sentía bien de estar ahí, conviviendo con una verdadera familia Mormona. Las costumbres Mormonas eran diferentes a las de otras iglesias. Las familias tenían la costumbre de rezar juntas en la noche y antes de cada comida. Además de que el Evangelio siempre estaba presente en la vida diaria de los miembros.

"Es tiempo niños, de hacer la oración." Warren les llamó antes de irse a acostar. "Rápido! Venga aquí enseguida mi manadita."

Al sonido de su voz, Alysjo y sus hijos dejaron lo que estaban haciendo para reunirse a orar. Una vez congregados en la sala, se arrodillaron con reverencia.

"Amado y bendito Padre Celestial..." Comenzó a decir Warren.

Antes de cerrar los ojos Alexandra los observó por un segundo. Era grato estar con ellos, sintiendo dentro del corazón esa emoción como testimonio único del al presencia de Dios en ese cuarto.

Irma Noriega

58

Alysjo no era floja. No dejaba de limpiar, pero el modo de limpiar de Alysjo era remover la basura de un cuarto para ponerla en otro. A pesar de sus esfuerzos, para la hora en que Warren llegaba de trabajar la cena nunca estaba lista y la casa se veía como si un ciclón hubiera cruzado quitando todas las cosas de su lugar.

"Oh Alys, que es lo que haces durante en el día que nunca puedes tener la cena lista cuando llego a casa ó la casa limpia."

Alexandra, que ayudaba a Alysjo a limpiar el piso de la cocina bajó los ojos deseando que Warren no la hubiera hecho testigo de sus problemas. No era placentero oírlos pelear sabiendo que había llegado a su casa a hospedarse tan de repente. Discretamente, salió de la cocina pidiendo en silenciosa oración poder cambiarse pronto de ahí.

Dos semanas mas tarde consiguió trabajo. No era el mejor de los trabajos pero viviendo en una localidad pequeña, había sido todo lo que había podido encontrar. Un mes y medio después, pudo rentar un departamento cercano al trabajo y a la escuela en que Franco tomaría clases.

"Gracias por todo." Alexandra les agradeció cuando la mudaron a su departamento..

"Nos dio gusto poder ayudarles." Warren contestó. "Llámanos si necesitas algo."

"Sí, gracias." Alexandra dijo nerviosamente.

Irma Noriega

59

Solo una semana había pasado cuando, Warren tocó a su puerta. Tenía esa luz en los ojos y estaba muy sonriente.

"Hola," saludó, "puedo pasar?"

"Hola," dijo tímidamente, abriendo la puerta de par en par para dejarle pasar.

"Cómo han estado? Anda todo bien?" Su voz tenía a la vez un tono feliz y ansioso.

"Estamos bien." Alexandra contestó al tiempo que su hijito salió de la recámara corriendo.

"Hola," dijo Franco deteniéndose y mirando a Warren sorprendido.

"Cómo estás pequeñito?" Warren le dijo amistosamente, dando un paso adelante y levantándolo al mismo tiempo en el aire.

"Bien," Franco dijo sonriendo feliz.

"Quieres sentarte un rato?" Alexandra ofreció.

"Nop." Contestó Warren firmemente. "Tengo que irme, solo paré a ver si estaban bien."

"Sí, estamos bien."

Warren la miró interrogante por un momento.

"Necesitas algo?"

"No, Warren, gracias." Alexandra contestó, mirando distraídamente por la ventana.

"Bien, entonces..." No terminó la frase, caminó hacia la sala como si hubiera cambiado de opinión de irse y se sentó en el sofá con el niño aún en sus brazos, mirándola feliz. Fue entonces que preguntó.

"Cómo puedes hacerlo, trabajar y mantener tan limpia tu casa?"

Lo miró por un segundo sin responder. Su presencia la ponía nerviosa. Sus ojos no podían evitar decirle lo que sentía por ella. Se lo decía con cada mirada y en cada uno de sus movimientos.

"Bueno, me voy," dijo, "vendré a verles mañana." Besó a Franco quitándolo de sus brazos al tiempo que se levantaba.

Su hijo sonrió, complacido, y de la mano de él caminó con su nuevo amigo hacia la puerta.

"Adiós, Warren." Franco dijo.

"Adiós," Alexandra se despidió agitando su mano desde la cocina.

60

Desde ese día en adelante, Warren vino a visitarles cada día. Antes de ir de regreso a su casa, paraba en su departamento como por una hora. Se sentaba en la sala, jugaba con Franco, y luego se iba.

"Vine a ver como están." Lo decía todos los días.

Era inquietante tenerlo ahí, pero Alexandra no sabía como pedirle que no viniera. Cuando venía a visitarles, ella actuaba normal pretendiendo no notar la mirada ardiente de sus ojos.

"Vamos a dar una vuelta." Le pidió ese Sábado al mediodía.

Fuera de la rutina de todos los días, este día Warren había venido a verles al mediodía. No quiso entrar, se quedó parado en la puerta con una expresión de gravedad. Alexandra no lo esperaba, así que le cayó de sorpresa.

"Bueno," dijo seria y sorprendida por la seriedad que tenía él en la cara, "déjame pedirle a Gloria que se quede un ratito con Franco mientras vamos."

Warren asintió. No estaba riendo como siempre hacía. Estaba serio y pensativo.

Qué es lo que sucede? Alexandra pensó yendo hacia la recámara donde encontró a Gloria leyendo. Gloria había venido de México hacia tres meses, y desde entonces compartía el departamento con ella. La había conocido cuando estaba embarazada con Franco.

"Gloria, Warren está aquí, voy a ir con él a dar una vuelta en el carro. Puedes quedarte con Franco? No me tardo, solo unos minutos."

"Okay." Gloria asintió, "qué pasa?"

"No estoy segura. Ahora regreso."

Alexandra se dirigió a la otra recámara donde Franco jugaba con su tren eléctrico.

"Dulzura, voy a ir con Warren por unos minutos, ahora regreso."

"Okay. Mami." Franco dijo mientras continuaba jugando.

Siguió a Warren hasta el camión.

"A donde vamos?" Preguntó.

"Voy a manejar un rato por el cañón. Te parece bien?"

"Sí, por supuesto." Sonrió. Estaba actuando tan enigmático.

Warren tomó el camino que conducía al cañón de Provo y manejó en silencio durante unos minutos mirándola de vez en cuando mientras manejaba. Tenía problemas? Mirando su perfil, no se veía muy feliz que digamos.

"Ven," dijo, estacionándose al lado del camino y ayudándola a salir. Caminó rápidamente abriéndose paso entre los arbustos y el empedrado camino hasta llegar al riachuelo. Ahí se detuvo. Ella se estremeció. Los ojos de Warren la miraban silenciosamente diciéndole todas las cosas que sentían el uno por el otro desde hacía tanto tiempo sin haberlas pronunciado. Había cometido un error cuando rechazó casarse con él cuando se lo había pedido, pero desde entonces todo había cambiado. Miró para otro lado. El sonido del río era claro y distinto. Olía a Primavera. Los árboles estaban llenos de retoños. El viento que bajaba de lo alto del cañon era tenue, frío y limpio.

Warren la Tomó en sus brazos.

"Te quiero. Siempre te he amado," Warren gimió, no pudiendo contener la tensión que se acrecentaba adentro de él.

Alexandra abrió los ojos y le miró. Era alto y distinguido, terriblemente masculino y atractivo. Sus ojos eran azules como el cielo, y su pelo sedoso y negro, estaba alborotado sobre su frente.

"Te amo!" Repitió, mirándola a los ojos. Su inmenso amor le salía en el tono de su voz desde su alma, real é impetuoso, profundo y verdadero.

"Yo también te quiero." Le dijo tímidamente, arrobada por su varonil pose y tono de su voz.

"Querida.." Dijo bajo, besándola con devoción.

Alexandra cerró sus ojos. Hubiera sido tan grato quedarse en sus brazos y borrar el mundo alrededor de ellos. Él poseía todo lo que ella deseaba en un hombre. Cuando venía a visitarla, no había duda, su presencia llenaba el cuarto y su corazón.

"Y Alysjo?" Preguntó, sofocada por los besos deliciosos empujándolo hacia atrás. "No podemos lastimarla de este modo. Ella va a tener tu bebé muy pronto."

"Lo sé," Warren dijo. Su cara estaba ruborizada. "No debí haberte besado, lo sé, pero cada vez que te veo quiero abrazarte." Miró hacia la distancia, luego continuó, "me casé con ella, pero te quiero a ti. Te quiero desde que te conocí. Puedo divorciarme. Tú lo sabes."

Alexandra no dijo nada. Lo miró sobriamente. Por un momento su presencia la había hecho olvidarse de la realidad. Le dio la espalda y caminó lentamente de regreso al truck. Estaba, como él, a punto de soltarse a llorar. De todos los hombres que había conocido, Warren había sido el único que la había querido realmente. El único que le había propuesto algo limpio, y al cuál había rehusado a causa de Jules.

Warren la siguió en silencio hasta el carro y luego la llevo a casa. Todavía tenía la expresión de gravedad en el rostro, y la desesperada intensidad en todos sus movimientos y en sus ojos.

Tenía que huir. Ni él ni ella si se quedara podrían controlar la profunda atracción, y los sentimientos que habían reprimido por tanto tiempo a punto de irrumpir. No había otra manera de evadirlo sus ojos mostraban ese irreversible deseo, ese amor inevitable que no puede quitarse a causa del deber.

Cuando llegaron al edificio de departamentos, Alexandra saltó fuera del truck.

"Alexandra," llamó Warren, "no voy a dejar de venir a verte. No puedes impedirlo."

Se volvió y lo miró por un segundo, y luego se echó a correr escalera arriba espantada. Warren no iba a dejar de venir a verla y eso era demasiado peligroso para correr el riesgo de quedarse.

Gloria sorprendida alzó los ojos del libro que estaba leyendo cuando la vio entrar en el cuarto corriendo.

"Que pasó?" Gloria le preguntó con preocupación. "Parece que viste un fantasma."

167

Alexandra no contestó. Se sentó con desmayo.

"Es Warren, no es verdad?" Gloria preguntó. "Te confesó finalmente que está loco por ti?"

"Sí," Alexandra confirmó casi sin aliento. "Sí."

"No es tu culpa. Tarde ó temprano iba a suceder así. No puede ocultarlo. El tipo te devora con los ojos."

Alexandra miró a su amiga en silencio. Se habían hecho buenas amigas en México cuando trabajaba en el hotel Hilton. Gloria estaba casada en ese entonces con un tipo que la golpeaba brutalmente. El tipo se consideraba muy "macho". No tenía educación formal además de ser maleducado y pedante. Por esta razón había decidido abandonarle. Lo hizo un día cuando él se fué a trabajar, después de haberla golpeado salvajemente contándole todos los modos como hacía el amor a otras mujeres. Gloria había perdido contacto con Alexandra cuando se había venido a los Estados Unidos, pero espantada por el hecho de que su esposo pudiera encontrarla y aterrorizada de que pudiera caer otra vez bajo el salvaje yugo, había localizado la dirección de Alexandra, viajado hasta la frontera, pagado a un "coyote" unos cientos de pesos para que la cruzara sin ningún percance la frontera estadounidense, y venido a Utah con la intención de quedarse.

"Que es lo que vas a hacer?" Gloria le preguntó, ajena a lo que su amiga estaba pensando.

"Irme!" Alexandra, respondió enfáticamente. "Irme lo más lejos posible." Se detuvo a tomar aire. Sentía sofocarse. Se levantó y caminó alrededor del cuarto nerviosamente, seguida por la atenta mirada de su amiga, y luego añadió. "Warren me ayudó cuando lo necesitaba. No quiero pagarle destruyendo su familia y causándole problemas. No quiero estar involucrada en adulterio tampoco." Alexandra parecía estárselo diciendo así misma en lugar de a Gloria.

"Alexandra," Gloria le dijo. "Yo voy contigo adonde quiera que vayas."

"Mi hermana Mariana vive en New Orleans. Voy a llamarla y preguntarle si podemos llegar allá." Su voz sonaba baja y preocupada.

"Como tú quieras." Gloria habló otra vez. "Qué problema!"

"Adónde vamos a ir, mami?" Franco preguntó entrando inesperadamente a la habitación.

"A New Orleans."

"Porque mami? Porque tenemos que irnos?"

"Mi hermana está allá, vamos a ir a vivir con ella."

Irma Noriega

61

El Lunes por la mañana tal como había sospechado, Warren vino. Franco le abrió la puerta.

"Mami, Warren está aquí!"

Alexandra que leía en la recámara, se estremeció, dejó el libro sobre la cama, y salió. Warren tenía a Franco en sus brazos meciéndole como siempre. Cuando la vio se ruborizó, y dejó a Franco en el piso.

"Cómo estás, preciosa?"

Tuvo que soltarse a reir. Warren tenía ese modo delicioso de hacer todo bien con su juguetón carácter. Desvió los ojos. Desde su altura Warren le estaba implorando, adorando, acariciando, disculpándose. Podría haberse arrebujado en sus brazos.

"Warren," dijo sin aliento, "vamos a irnos de aquí."

"Adónde?" Preguntó perplejo, no entendiendo lo que le decía.

"A New Orleans."

Una mueca lívida reemplazó su feliz sonrisa.

"No puedes hacer eso!"

"Warren vamos a irnos."

Se quedó sin habla, caminando nerviosamente de un lado a otro del cuarto.

"Porqué?" Preguntó enloquecido. Sus ojos azules parecían haber obscurecido.

"Porque no quiero separarte de tu familia, esa es la razón. No quiero herirte de este modo."

La estaba besando con los ojos al acercarse lentamente a Franco, quién jugaba en el suelo para cargarlo otra vez en sus brazos.

"Te quiero, pequeñito." Le dijo sentándose en la mecedora con él en su regazo.

Alexandra se mordió los labios sin saber que hacer y desvió los ojos.

"Qué horrible es todo esto." Gloria dijo en Español entrando en la sala.

Su amiga atinaba. Era una situación horrible que ella no hubiera querido sucediera.

"Cuándo se van?" Preguntó Warren, cuando Gloria se retiró de la sala.

"Bueno, en cuánto Franco termine la escuela en tres semanas."

"Yo no quiero irme, pero mi mamá quiere que nos vayamos," Franco interrumpió. Warren palmeó la espalda de Franco con afecto, y después de hacerlo por un rato, lo dejó. A pesar de los esfuerzos que hacía para mantenerse sereno, Warren parecía como que algo le había golpeado. Se paró de pronto y vino hacia ella, cogiéndola por los hombros.

"Llámanos si necesitas algo, si te va mal, si necesitas mi ayuda otra vez." Buscó sus ojos que trataban de mirarlo. "Prométeme que lo harás."

"Lo haré," dijo.

Sin decir más, la soltó, cruzó el cuarto con movimiento firme, y salió por la puerta.

"Quédate," le había pedido Warren, pero ahí estaba empacando otra vez. Huyendo una vez más de sueños que se habían roto en busca de paz.

EN NUEVA ORLEANS

En New Orleans, la casa de su hermana estaba situada al final de la calle ST.Charles. Se había cambiado de New York a New Orleans hacía un par de años. Era un duplex muy grande. Ella ocupaba la parte de arriba con su hijo, compartiendo el costo del apartamento con Ronaldo su hermano mayor y con Adela, una de sus hermanas pequeñas. Les había ido bien. Todos tenían un buen trabajo, y el novio de Mariana, esta vez, era muy guapo. Sin embargo, los modales de Mariana no habían cambiado mucho. Mostró gusto de verla, pero continuaba rechazando a Franco.

Por otro lado New Orleans le encantaba. El verdor de la tierra era fantástico! No perdió un minuto en llevar a su hijito al Zoológico, a los preciosos parques, a pasear con él por la orilla del río, y finalmente, a lo que había estado esperando hacer desde el momento que había llegado a New Orleans: llevar a Franco a conocer a su papá.

Se arreglaron, cogieron el camión, y cuando estaban muy cerca de la casa de Jules la emoción tan grande que sentía la paralizó. La mañana era espléndida, pero sin embargo, ella sentía miedo, miedo de la manera en que Jules fuera a recibirles. Habían pasado tres años desde la última vez que le había visto. Tres años desde que lo había visto parado frente a la casa de su tía en México, y ahora era ella quién se encontraba aquí, trayendo por primera vez a su niño a conocer a su papá. Con el corazón temblando, tocó la puerta de Jules.

"Hola!" Dijo sonriente, un poco tímida al momento que Jules entre abrió la puerta. Pero lo que vio frente a ella, desvaneció su sonrisa. La cara de Jules reflejaba la austeridad y frialdad que él siempre asumía cuando la tenía enfrente.

"Estoy ocupado." Cortó fríamente entrecerrando aún más la puerta.

Alexandra se mordió los labios no sabiendo que era más grande si su pena ó su humillación. Iba decirle algo más, pero antes de que pudiera hacerlo, Jules había cerrado la puerta totalmente. Alexandra miró a su hijo, que parado en una de las esquinas del porche estaba esperando conocer a su papá. La alegría en sus brillantes ojos se había vuelto tristeza, y en un instante, la pena que ella sentía se tornó en furia.

"Cerdo! Bestia! Abre la puerta!" Gritó pateando y dando puñetazos a la puerta una y otra vez. "Porque le haces esto a tu hijo? Abre la puerta! Abre la puerta cerdo, inmunda bestia humana!" No pudo continuar. Las lágrimas le nublaban los ojos ahogando su voz en sollozos.

"No llores mami, no llores, por favor." Su hijito dijo con angustia abrazándola con sus tiernos brazos echándose a llorar.

"Lo siento, mi querido niño, lo siento. No quise espantarte. Ya no voy a llorar. Mami te quiere, tu mami te quiere mucho. "Vámonos."

Se limpió de un manotazo las lágrimas, abrazó a su hijito en los brazos, y se alejó de ahí. Sus pies se sentían pesados, como si fueran de hierro. Qué Jules pudiera ser tan cruel con su hijito era más de lo que pudiera creer. Había sido peor que recibir mil golpes. Era obvio que estaba en su casa con alguien, quizá con otra amante. Cargando el peso de su decepción, llevó a su hijo al Zoológico, quería borrar a toda costa la horrenda imagen del recuerdo de su hijito.

Ver a los animales era divertido, especialmente mirando a seis chimpancés que aventaban agua, escupitajos y cáscaras de plátanos sobre los espectadores que provocaban su ira al imitar sus chillidos. Escuchar la risa de su hijito viendo a los chimpancés y cuando dieron vuelta por el parque en el trencito fue un alivio.

"Vamos a perseguir patos, mami," Franco le pidió.

Alexandra lo tomó de la mano, y juntos comenzaron a correr. Los patos que yacían echados a un lado de la laguna se levantaron de inmediato dispersándose alborotados en todas direcciones.

63

Se despertó temprano, se bañó, se puso un vestido rojo con flores azul marino, zapatos azules de tacón, se peinó, y cuando estuvo lista, se lanzó a la calle. La parada del tren estaba en la esquina. Lo abordó de inmediato. A esta hora de la mañana el tren iba repleto. No llevaba dirección fija solo el objetivo de conseguir trabajo. Repentinamente, mientras el tren se movía en los rieles distinguió el hospital. Abriéndose paso entre la gente, bajó del tren.

"Hola," Alexandra dijo, entrando con una gran sonrisa en la oficina de Personal. "Podría darme una solicitud?"

"Claro que sí." Dijo la recepcionista dándole la solicitud. "Vienes a solicitar por la posición de operadora?"

Alexandra no tenía idea de que hubiera una. "Sí," contestó con una sonrisa.

"Me alegro." Dijo la recepcionista asintiendo complacida, "necesitamos una inmediatamente."

Cuando terminó de llenar la solicitud, se la entregó, y le pidió esperar.

"Alexandra?" Un señor bien vestido que tenía su solicitud en la mano la llamó.

Se paró sonriendo.

"Por aquí por favor, después de ti." El señor le dijo asiéndose a un lado para que pasara a la oficina.

"Bien, bien, bien," dijo sentándose mirando la solicitud con satisfacción. "Eres de New York?"

"Sí," Alexandra sonrió. "Soy de New York."

"Hmm," murmuró, reposando una mano en su barba. "Veo que tienes bastante experiencia en esta clase de trabajo."

"Sí, si tengo." Alexandra sonrió. "He trabajado en varios hoteles en New York como operadora y también en el mostrador."

"Qué es lo que te ha traído a New Orleans?"

"Me gusta New Orleans," dijo sincera.   "Es un lugar formidable. New York es un lugar muy populado."

"Cierto," dijo. "Si te contrato, cuando puedes comenzar?"

"Inmediatamente."

"Bien.." El señor parecía reflexionar, "mañana es Viernes, preséntate el Lunes a las ocho de la mañana, yo personalmente te llevaré a conocer a tu supervisor."

"Estaré aquí," respondió feliz, "muchas gracias."

"Hecho, Alexandra," le sonrió, "ha sido un gusto el conocerte, a propósito mi nombre es Glen George."

"El gusto es mío."

Salió de ahí arrobada. Ya no tenía que preocuparse. Había sido simple, la primera solicitud le había dado trabajo.

64

Había trabajado solo por unos cuantos días cuando Gloria se lo dijo.

"Tienes que cambiarte de aquí con tu niño," Gloria estaba seria.

Estaban sentadas en el porche de la casa donde vivían cuidando a Franco y Sean quienes patinaban a un lado de la acera. Alexandra miró a Gloria con interrogación.

"Me tomó un tiempo decidirme a decírtelo, pero no tengo corazón para quedarme callada por más tiempo," se veía nerviosa pues se frotaba las manos una con la otra. "Cuando no estás aquí," continuó, "tu hermana trata a tu niño muy mal. Siento mucha pena por él."

"¿Qué es lo que mi hermana hace?" Alexandra preguntó. Estaba pálida.

"Le pega y le habla muy groseramente. Pero eso no es todo, cuando alguien viene a visitarla, y lo ve, les dice a todos que no es tu hijo, sino solamente tu hijo adoptivo."

Confrontaciones y más confrontaciones, una tras la otra. Se alejó del porche y fué en busca de su hermana.

"No tienes derecho de pegarle a mi hijo. Es muy cruel de tu parte hacer eso."

"Tu hijo no me cae bien, tú lo sabes. Vives en mi casa. Si no te gusta la forma como trato a tu hijo, cámbiate." La frialdad que mostraba era habitual.

"Sí, voy a cambiarme." Podía a duras penas contener su rabia, "pero primero, te voy a clarificar una cosa. Mi hijo no es adoptivo. Es mi hijo! No tienes derecho de informarle a todo el mundo de que es adoptivo, y tampoco tienes el derecho de pegarle. Si tienes frustraciones, descárgalas sobre otra persona, y no, en un niño inocente que no te causa ningún daño."

"Te equivocas, sí nos lo causa. Nos trae mala reputación, además, no quiero que crezca al lado de mi hijo, de otro modo mi hijo no va a tener amigos. Nadie quiere tener amistad con alguien que tiene a un negro en su familia." Emitió con brutalidad.

"Eres tan repulsiva como todos los que piensan como tú." Gritó Alexandra, ofendida. "Me voy a cambiar de tu casa, no porque quieres que mi hijo esté lejos de tu hijo, ni tampoco para devolverte tu perdida reputación. Me voy a cambiar, porque no puedo soportar vivir con alguien tan repugnante como tú."

"Lo que sea," dijo su hermana bostezando con indiferencia, "pero cámbiate pronto. No quiero tener a tu mounstro aquí ya más. Es tan horrible." Le dio la espalda dando por terminada la discusión.

Alexandra se sentó temblando a punto de echarse a llorar. La crueldad de su hermana era demasiado inhumana para creerse, pero a aunque quisiera negarlo la crueldad de su hermana era sorprendentemente real.

65

"Qué pasó?" Preguntó Gloria.

Alexandra estaba todavía sentada por la ventana cuando su amiga Gloria entró.

"Tenemos que cambiarnos." Le contestó.

"Como digas." Asintió Gloria sin hacerle más preguntas. Había visto a Mariana pegándole a Franco muchas veces para no imaginarlo, "mañana es Sábado, podemos ir por ahí a buscar uno."

Alexandra asintió en silencio y después de un rato, dijo:

"Mariana es repulsiva. No le importa nadie, más que ella. Es inconcebible!"

"Entiendo lo que quieres decir." Gloria afirmó con un gesto de preocupación en su rostro. "Siento habértelo dicho pero no podía callarme. Me da tristeza por Franco cuando veo lo mal que lo trata."

Alexandra se quedó callada. Se levantó y fué al patio trasero a buscar a Franco. Era casi hora de acostarse. La vida era injusta. Gritó esa noche en sus sueños al mirarse junto a su hijito en medio de una plaza donde una multitud gritaba y los señalaba: "Fuera de aquí! Largo!"

Irma Noriega

66

La imagen había llegado como la otra en forma de sueño. Otro sueño, pero había sido sueño? Cuando abrió los ojos, estaba empapada de sudor de arriba abajo. Todo estaba mojado, su ropa y cobijas, como si una gran cubetada de agua le hubiera caído encima.

Por un momento se sentó en la orilla de la cama y miró lentamente alrededor del cuarto. No había ningún mueble, solo una cama de segunda mano donde ella y su hijito dormían, y un sofá viejo donde Gloria se acostaba.

Una cucaracha inmensa cruzó corriendo por el cuarto y se escondió en una de las esquinas. Le tomó un minuto darse cuenta donde estaba.

Hacía apenas unos cuántos meses que se habían mudado en este horrendo vecindario. Pero cuando lo hicieron, el lugar parecía conveniente, había sido lo único que habían podido hallar después de la tremenda pelea que había tenido con su hermana.

"Te mudaste a un distrito bajo." Le dijeron en el trabajo cuando les notificó su nueva dirección. "Tienes que cambiarte rápido de ahí."

Cuando le aconsejaron esto, Alexandra no había comprendido el significado. No lo comprendió hasta que unos escuincles negros le robaron su bolsa un día que caminaba por la calle, y otros en el parque, atacaron a su hijito porque no se veía tan negro como el resto de ellos, fue hasta entonces que entendió lo que en su trabajo expresaron. Era demasiado peligroso quedarse en esa área.

Se secó las gotas de sudor de su cara y miró el reloj. Eran las cinco de la mañana. Su hijito dormía plácidamente, y también Gloria. No había sido sueño! Era una pesadilla hecha realidad. Si tan solo no hubiera ido a ver a Jules. . Quizá nada de esto habría pasado. Pero, otra vez una fuerza la había conducido hasta su puerta. Así que había ido: como un perro va a su dueño, después de ser apaleado, buscando benevolencia.

Alexandra cerró los ojos sintiendo escalofrío al recordar la maléfica figura de Jules recostado sin vida ó apasionamiento sobre la cama. Sus ojos fijos en la televisión, ajeno a su presencia y sentimientos, y luego, poseyendo su cuerpo con violencia, con furia y sin amor, y después separándose de ella con ofensiva indiferencia cuando terminó.

"Qué clase de ser humano eres tú?" Le había preguntado Jules con siniestro coraje después de media hora de silencio. "Te ves deplorable como si te fueras a morir. Qué quieres?" Sus ojos brillaban con odio.

Alexandra no podía responderle, tenía un nudo en la garganta. Jules estaba en lo cierto! En ese instante se sentía morir de dolor porque no entendía la dureza de su corazón hacia su hijito y hacia ella.

"Quieres tener sexo?" Jules gritó implacable levantándose y empujándola abruptamente sobre la cama. "Es eso lo que quieres?"

"Te quiero.." Alexandra dijo quedo, como víctima en las manos de su verdugo. Luego ella dio un grito! Como si sus entrañas hubieran sido cortadas con una daga calcinante haciéndolas pedazos.

"Tienes que irte." Emitió Jules con tono despreciativo quitándola de él y componiendo con sus manos las arrugas que habían aparecido en las cobijas en donde la había empujado. "Estoy esperando compañía." La miró con desprecio, y en ese momento, el timbre de la puerta sonó. Jules se peinó a toda prisa el pelo, se arregló su traje, y corrió hacia la puerta.

"Hola!" Alexandra oyó la cantarina voz de una mujer saludando a Jules en la puerta.

"Hola!" Jules contestó con vanidoso acento "estoy listo, vamos."

Oyó sus risas, y segundos después, el sonido de la puerta al cerrarse. Jules y la mujer se habían marchado dejándola sentir todo el peso de su canallada.

No había sido un sueño, desde el más allá, la fantasmal sombra de su amiga Nina, había venido durante la noche para anunciarle que estaba embarazada. Tambaleante cruzó por el cuarto quitándose la ropa mojada y saltó dentro de la regadera de agua fría.

"El resultado es positivo." La enfermera le confirmaba las palabras de Nina cuando fué a la clínica, "estas embarazada."

Alexandra tuvo que recargarse en la pared para no caerse. La circunstancia en la cual había quedado preñada era la más desafortunada.

"Te sientes bien?" Preguntó la enfermera.

"Sí."

Irma Noriega

67

Los inocentes y puros ojos negros de su hijo la observaban con dulzura.

"No llores, mami.   No llores!" Le pidió, abrazándola mezclando sus lágrimas con las de ella, estaba espantado con su desesperación.

No podía controlarse. Todo lo que había deseado desde que lo conoció era encontrar el solaz de un verdadero amor, y sin embargo.

"Deshácete del bebé." Jules había declarado con su casi bestial actitud cuando fué a verlo para notificarle que estaba embarazada. "Yo no lo quiero. Lo quieres tú?"

Quizá había intuido antes de ir a verlo su reacción, pero la calcinante y cortante verdad personificada por la siniestra, impenetrable negra figura de Jules, cuando dijo esto la asfixiaba.

"Tener sexo dura un minuto, un hijo dura toda la vida." Le oyó decir sin remordimiento y brutalmente. "Estás lista para eso? Yo no. Tú ya tienes uno."

Alexandra lo miró con desaliento, había sido absurdo pensar que más de una vez ella lo hubiera mirado con imploración, acariciando con los ojos ardientes su frío é imperturbable cuerpo. No se quedó a oír más. Salió de ahí huyendo como poseída por mil diablos sintiendo hacia sí misma una indescriptible repulsión por haberlo amado tan profundamente y perdido al amarlo dignidad, y amor propio.

"Te va a dejar morir sola." Gloria se lo había advertido antes de ir a verlo.

"Porque estás llorando mami?" Dime!" La desesperación encerrada en el tono de voz de su hijito la quitó de sus recuerdos. Lo abrazó amorosamente todavía llorando, y lo sentó en su regazo.

"Estoy llorando porque tu papá no nos quiere."

"Yo te quiero mami, no llores!" Le dijo con toda la dulzura pureza y belleza de su corazón.

"Yo también te quiero hijito, más que a nadie en este mundo. Se limpió las lágrimas. "Ven," dijo, "vamos a donde cantan las ranas."

Se besaron, lo tomó de la mano, y juntos empezaron a caminar en la oscuridad de la noche.

68

Los días siguientes para Alexandra fueron tortura. Sentía en el corazón como una constante pesadez y su mente estaba como embotada. Necesitaba hablar con alguien. Las horas parecían meses, los minutos eran esenciales.

"Si yo fuera tú," la supervisora de Alexandra le dijo. "No dudaría un instante de hacer un aborto. El hombre no vale un cacahuate!"

La supervisora de Alexandra tenía las piernas cruzadas, su mano derecha apoyada en su barba, la miraba directamente en los ojos, con la límpida y sincera mirada de sus ojos azules.

"Eres una muchacha joven y bonita para atarte a alguien que no vale la pena. Estoy segura de que encontraras un hombre que te ofrezca el amor y respeto que tú y tu hijito necesitan."

Alexandra estaba sentada enfrente de ella escuchándola con atención. Era un consuelo escuchar el sonido de una voz amistosa, y el consejo de alguien que miraba las cosas desde afuera. Hasta ahora había estado tan confundida.

La Sra. Rigaud estaba encargada de la oficina de registros en el hospital, y ella era la persona más justa y humanitaria con que Alexandra se había encontrado. Tenía como cincuenta años, era muy bajita, y un poco gordita, sin embargo, poseía mas energía que cualquier joven. Le encantaba su trabajo, amaba a toda la gente y la vida.

"Vete a hacerlo mañana. Te doy tres días libres. Si necesitas más, llámame y déjame saber. Necesitas hacer esto lo antes posible."

"Gracias, Sra. Rigaud." Alexandra le dijo agradecida.

"Es una decisión difícil para ti, lo sé," continuó la Sra. Rigaud seriamente, "pero es la mejor cosa que puedes hacer para ti y tu hijito. A mi hija le aconsejaría la misma cosa."

Hasta que había hablado con la Sra. Rigaud, no había tenido certeza, había estado en un estado de constante opresión y desconsuelo, repelida, al mismo tiempo por la idea de tener un aborto y por la idea de llevar dentro de su cuerpo otro hijo del hombre que tan claramente los detestaba.   No había salida, Alexandra lo sabía, no era tan fuerte, ó al menos en ese momento, no se sentía tan fuerte, y el recurso era inevitable.   Amor, aceptación, deseo, respeto, y consideración eran algunos de los frutos del amor, no rechazo, odio, repulsión, falta de respeto, é indiferencia como Jules había mostrado sentir por ellos.

69

Nadie hablaba ó reía. El silencio era de muerte en el espacioso cuarto. Miedo, timidez, y miradas sombrías que no podían ocultar la tensión y austeridad, del momento opresivo. Unas adolescentes, y otras mujeres adultas, todas estaban esperando como ella ante la cámara de muerte, con esos horribles sentimientos de soledad por dentro.

Miró hacia la ventana. Su estómago estaba comprimido y le dolía. Era mejor no pensar. Adormecer la mente para no sentir, para extirpar de esa manera la desorbitante pena, el dolor, y la vergüenza. Alexandra cerró sus ojos para escapar...

Estaba al lado de Franco, habían caminado unas cuantas cuadras hasta llegar al pequeño charco donde las ranas cantaban durante la noche.

"Shh... shh... escucha." Alexandra dijo, deteniéndose a unos cuántos pasos del charco. Los ojos de Franco estaban brillando inmensamente.

"Mira!" Gritó, señalando en dirección del charco con su manita.

Sus ojos siguieron su gesto. Por todos lados, de pronto como unas veinte ranas aparecieron saltando acercándose al charco y cantando fuertemente.

Era verdaderamente un lugar mágico. Su lugar mágico. Donde su imaginación podía remontarse tan alto como la luna que brillaba sobre sus cabezas.

"Shhh..Shh...Escucha." Ella dijo.

"Croak..Croak.." El sonido era fantástico.

"Están cantándole a la luna 'brilla luna bonita, brilla.'"

"De verás?"

"Sí, mi pequeñito, por eso salen, a cantarle canciones de amor a la luna y a tomar agua en el charco."

Su encantador hijito le estaba dando su más grande atención.

"Cuando llega la mañana y nosotros despertamos, ellas se van a dormir."

Franco sonrió feliz. Estaba absolutamente fascinado. Alexandra abrió los ojos y miró otra vez alrededor. Nadie se había movido, todas parecían estar envueltas en sus propios lúgubres pensamientos, alejadas del lugar en donde se encontraban.

Ni aún en sus más salvajes sueños se hubiera imaginado que un día, ella se encontraría en un lugar come este, como el verdugo y como la víctima esperando, todavía divagando entre el bien y el mal, la vergüenza y el orgullo, extinción y supervivencia, justificación y culpa. Por el momento, no había razón de evaluar ya más las cosas, frente a la adversidad cada persona actuaba de diferente modo, de acuerdo a su idea personal de lo que es valioso.

"Alexandra Márquez?"

Miro a la enfermera con angustia y levantándose la siguió.

Dos horas después, Alexandra salió de la clínica arrastrando su cuerpo y su alma. El pedazo de su ser que voluntariamente había querido quitarse le había sido arrancado de sus entrañas.

70

No podía decir con facilidad cuando Gloria cambió, pero su mal humor se volvió insoportable. Les hablaba con aspereza como si tuviera razones para humillarles.

"Gloria, voy a mudarme a otro lado con Franco. Es lo mejor para todos. No admito que nadie maltrate a Franco, incluyéndote a ti. Estoy harta de eso."

Un gesto de enojo se reflejó en la cara de Gloria. "Iba a decirte la misma cosa, ya había hecho planes para cambiarme. No me gustan los niños, y vivir sola es mucho mejor para mí."

"Me alegro." Alexandra dijo, cansada de explicaciones.

A la semana, se mudó con Franco a un pequeño pero bonito apartamento. Paz era todo lo que quería. Y ahora la tenía viviendo solo con Franco.

Irma Noriega

71

Viviendo sola resultó estupendo. Su pequeñito asistía a la escuela mientras ella trabajaba, y en los fines de semana, se iban a Metarie, a donde se habían cambiado Adela y Ronaldo. Mariana ya no vivía con ellos, cansada de New Orleans, había volado a San Francisco.

Como hacían todos los Viernes se prepararon para ir a Metarie. Este viaje era especial, Adela cumplía años y habría fiesta. Franco cogió el regalo que había envuelto para su tía y después a toda prisa se dirigieron a la parada del camión. Tomaba treinta y cinco minutos llegar a Metarie, pero el viaje era divertido, yendo en camión les daba la oportunidad de conocer otras partes de New Orleans.

Cuando llegaron a casa de su hermana la fiesta ya había comenzado. Había gente en la alberca, otros, comiendo, y otros más, sentados en el pasto cantando boleros.

Era emocionante escuchar canciones mexicanas al son de las guitarras. A Alexandra no le gustaban mucho las fiestas pero esta era diferente.

"Adela, tengo que ir a trabajar temprano en la mañana." Alexandra le indicó a su hermana tres horas después. "podría dejarte a Franco aquí, y venir a recogerlo cuando salga del trabajo? No quiero despertarlo temprano, ni tampoco quiero dejarlo solo en mi departamento."

"Por supuesto. No te preocupes."

"Voy a irme a las cinco para llegar a tiempo. Regresaré a recogerlo como a las cuatro de la tarde. Esta bien?"

"Está bien. Vete a dormir. Tengo que esperarme aquí abajo hasta que todos se vayan."

Alexandra se acercó a su hermana y le dio un abrazo. "Feliz cumpleaños" le dijo. "Gracias."

Adela sonrió feliz dirigiéndose hacia el patio donde algunas personas todavía bailaban. Arriba, en la recámara, Alexandra se arrodilló abrazando a Franco para decir sus oraciones y después lo puso en la cama. Caminó hasta la ventana y miró afuera. La noche era espléndida, adornada con un millón de estrellas. Abajo, en el patio, las siluetas se movían al son del romance de la música de amor.

72

Estaba oscuro cuando salió de casa de su hermana. A esta hora de en la mañana, la calle estaba desierta. Caminó rápidamente por la calle mirando hacia atrás de cuando en cuando. La parada del camión se encontraba a tres cuadras. Se sentía nerviosa. Era la primera vez que a esta hora de la mañana trataba de llegar a New Orleans viajando de Metarie. Espero que el camión venga pronto, pensó al llegar a la parada del camión, no quiero que se me haga tarde.

Estaba obsesionada con no llegar tarde. Le gustaba cumplir con lo que decía, ser honorable y responsable.

Después de veinte minutos de espera, un sentimiento de ansiedad empezó a apoderarse de ella, aún no había ninguna otra gente en la calle, y ni señas del camión. En la lejanía los faros de un vehículo acercándose disminuyeron la oscuridad un poco. No era el camión, eran los faros de un coche. Nueve ó diez calles más allá del lugar donde su hermana y hermano vivían, había una sección en Metarie donde los bares se mantenían abiertos toda la noche. Su corazón empezó a latir rápidamente. Al aproximarse en el carro, miró alrededor nerviosa, no había todavía nadie en los alrededores.

Dónde está el camión, porque tarda tanto? Pensó. El carro continuó aproximándose y su corazón latió con más fuerza. El carro, tal y como lo temía, se detuvo frente a ella.

"A donde vas nena? Yo puedo llevarte," dijo el hombre que estaba en el carro con un dominante y casi violento tono de voz.

Lo miró rápidamente, tratando de aparecer en calma. El hombre se veía como de treinta y tantos años, usaba lentes, y tenía una cara de desquiciado. Sus manos estaban moviéndose incesantemente sobre el volante. Miró hacia el camino. Del camión no se veían ni las luces.

"Te dije, que yo puedo darte un aventón. No me oyes?" Gritó el hombre, con enojo moviendo su boca hacia un lado.

"Gracias," contestó amablemente, tratando de esconder su miedo. "Estoy esperando el camión."

El hombre dio un golpetazo con sus puños sobre el volante, al tiempo que una expresión aún más perversa que la que tenía antes distorsionó su cara.

"Si te dije que yo te llevo, quiere decir exactamente eso! Que no entiendes?" Dijo furioso, saliéndose del carro de un salto, cogiéndola, y empujándola adentro del carro.

Oh no, esto no! Pensó con angustia al tiempo que daba un grito cogida por la sorpresa.

El hombre echo a andar el carro a toda velocidad mientras con su mano derecha trataba enloquecido de levantarle la falda, tocándola y pellizcándola salvajemente.

"Déjeme bajar del carro," suplicó, tratando de zafarse de su mano cuando el hombre se metió al viaducto. "Déjeme bajar."

Una fuerte y grotesca carcajada salió de su boca, al tiempo que su mano como tentáculo continuaba pellizcándole su carne, lastimándola y llenándola de asco.

Si se quedaba en el carro, iba a matarla. Alexandra lo sabía. Sentía dentro de sí, ese sentimiento de sobresalto, ese sudor frío en su cuerpo, ese sexto sentido de premonición. Necesitaba escapar.

Un millón de pensamientos relampaguearon en su mente con una rapidez caleidoscópica mientras el carro continuaba acelerando cada vez más y más por el viaducto, setenta millas por hora, 75. , 80. , el corazón parecía explotarle dentro del pecho. Miró a su alrededor con trepidación. Cada minuto aumentaba su angustia. Su hijo estaba en casa de su hermana sin sospechar lo que sucedía esperando que ella lo recogiera.

Por la furia y la expresión de maldad reflejada en su rostro, y por la fuerza que tenía en la mano, no le fue difícil comprender que había caído en las manos de un sádico. Mientras estuviera en el carro con él se había convertido en su presa. Se estremeció. Para salvarse, necesitaba mantener la calma. En ninguna otra ocasión que ella recordara, había experimentado esta total conciencia de sus alrededores. Su mente estaba alerta, a la expectativa, enfocada al mismo tiempo en el presente, en el pasado, y en el futuro, en cada minúscula tensión en la cara del hombre, en sus movimientos, en la carretera que ahora estaba iluminada con la luz brillante del sol.

"Déjeme bajar, por favor." Le pidió otra vez cuando el hombre entró en el puente que conducía de New Orleans a Gretna. Su sexto sentido le dijo que mientras estuvieran viajando en el viaducto interior de la ciudad, aún podía salvarse. En el campo desolado hacia donde probablemente se dirigían, no podría sería demasiado tarde.

"Si no me deja bajar del carro, voy a saltar." Emitió simplemente.

El hombre la miró momentáneamente, acelerando más.

Estaban todavía cruzando el puente cuando Alexandra al decir esto se las había arreglado para zafarse de él y abrir la puerta del carro. El carro corría con tanta velocidad que le fue difícil mirar el pavimento claramente. Abajo se veía el río Mississippi, fluyendo en su cause en magnifica paz.

"Si brinco ahora," Alexandra pensó instantaneamente al momento de abrir la puerta. "Me mataré. Los carros que vienen atrás de nosotros me arrasarían."

El hombre la jaló violentamente hacia él al abandonar el puente, agarrando con su mano con mucha más fuerza el cuerpo de Alexandra. Se mordió sus labios con desesperación y lo miró de reojo con angustia. El hombre tenía un cuchillo escondido en su chaqueta.

"Necesito saltar." Pensó otra vez, "puedo matarme si lo hago, pero es mi única alternativa para salvarme."

A pesar de lo persistente de sus pensamientos, no pudo saltar de inmediato. El hombre conducía en la línea del centro, y saltando ahí le causaría la muerte.

Por favor, Dios mío, Alexandra imploró en sus pensamientos, ayúdame as salir de ésta! Ayúdame a regresar a salvo a recoger a mi hijito! Al tiempo que terminaba de decir estas palabras el asaltante, para hallarse paso más rápido entre el tráfico que se aglomeraba más adelante, viró el carro hacia la línea de afuera.

"Es ahora ó nunca," Alexandra se dijo, abriendo la puerta del carro y saltando sin pensarlo más en el aire.

El impacto fue tan brutal que rodó como nueve ó diez veces por la colina antes de que su cuerpo parara. La pedacería de conchitas de mar que cubrían uno y otro lado del viaducto cortaron como navajas sus brazos y sus piernas. Por una fracción de segundo todo se volvió negro, después se levantó, sin sentir ningún dolor.

"A donde estoy?" Se preguntó mientras comenzaba a subir por la colina para volver al viaducto.

Un policía apareció a lo alto de la colina y corrió hacia donde ella estaba. No sabía de donde había salido, ó porque había llegado ahí, pero mientras corría hacia ella, le hacia preguntas.

"Te aventó fuera del carro? Te aventó?" Su cara estaba completamente consternada, atónita quizá, por lo inesperado y fuera de todos los días suceso.

Lo miró con ojos vagos.

"Pronto!" El policía dijo, tomándola por el brazo. "No podemos dejar que huya. Lo perseguiremos! No debe estar lejos!" Le urgió ayudándola a subir dentro de la patrulla, prendiendo la sirena, y arrancando para perseguir el carro del pillo, que un minuto ó dos antes, con la puerta todavía abierta desaparecía en medio del flujo incesante de carros.

"No!" Gritó Alexandra, aterrada, "no quiero perseguirlo. Estoy bien. Lo único que quiero es regresar a New Orleans."

El policía se la quedó viendo, atónito mientras continuaba con la persecución.

"Te empujó. Tú puedes levantar cargos. Podemos aprehenderlo ahora."

"No me empujó." Alexandra dijo mirando hacia otro lado, "Yo salté. No quiero levantar cargos, perseguirlo, ó aprehenderlo, lo único que quiero es regresar a New Orleans."

Esta vez el policía la miró con sospecha, Alexandra desvió la mirada. Estaba pensando probablemente que ella no era una persona normal, pero no importaba. Lo que menos quería era tener publicidad, aparecer en la televisión, en la primera página de los periódicos. La policía la interrogaría y se darían cuenta de que era una inmigrante ilegal y entonces la regresarían a México junto con su hijo, su hermano, y su hermana...

"Estás segura de que no quieres levantar cargos?" Insistió todavía tratando de alcanzar al carro del cuál había ella saltado.

"Sí, estoy segura." Alexandra insistió. "Por favor déjeme ir."

"No puedo dejarte ir de este modo," dijo el policía, irritado. "Estás sangrando. Lo menos que puedo hacer por ti es llevarte a un hospital. Si cambias de parecer, puedes todavía levantar cargos."

"Gracias. No voy a cambiar de parecer."

La miró con incredulidad, movió la cabeza de un lado a otro con irritación pero no dijo nada. En su profesión estaba probablemente estaba acostumbrado a encontrarse con toda clase de anormales é impertinentes. Ella no era así. Ella no tenía papeles de residencia legal en el país, eso era todo. Sin ellos, no podía quejarse, sin ellos tenía que mantenerse por abajo del agua en anonimato y mantener su boca callada, aceptando cualquier cosa por miedo de ser descubierta y deportada.

No tenía idea a donde se encontraba ni a que hospital la iba a llevar. A su alrededor todo le parecía confuso.

"Es aquí." Dijo el oficial.

Estacionó a un lado de la entrada de emergencia y la ayudó a bajar de la patrulla. Tenía ganas de vomitar.

"Te sientes bien?"

"Sí, estoy bien." Dijo Alexandra, controlando la naúsea.

El oficial la acompañó hasta el mostrador de recepción.

"Esta muchacha saltó de un carro en el viaducto," dijo señalándola con incredulidad. "La he traído para que la chequen. No quiere levantar una denuncia. Si cambia de parecer, tome la información necesaria. Regresaré más tarde."

Alexandra miró a otro lado. No quería mirar de frente al policía. Tenía miedo. Buscando trabajo nunca había sentido miedo tal como este.

El oficial salió del edificio al tiempo que una enfermera la condujo a uno de los cuartos de examen. Sintió cierto alivio. Al fin se había marchado el policía. Lo que necesitaba hacer ahora, era decir que todo estaba bien para que el doctor la dejara regresar a New Orleans. No sabía todavía como iba a lograrlo. No tenía dinero, su bolsa se había quedado en el carro del maniaco, y no tenía idea a donde se encontraba.

En el cuarto de examen, le tomaron rayos x, le cosieron las pequeñas heridas que tenía en sus brazos y piernas y la vendaron. Trabajaron en silencio, mirándola de cuando en cuando. Cuando terminaron, con tanto vendaje parecía momia pero no sentía ningún dolor, excepto en sus manos que se habían hinchado casi al doble de su tamaño normal. Su cara no tenía ningún rasguño. Quizá instintivamente cuando había rodado por la colina se había cubierto la cara. Era difícil saberlo con exactitud, no recordaba bien lo que había pasado, excepto el pensamiento que había tenido todo el tiempo el de salvarse para regresar a recoger a su hijo.

"Podría prestarme veinticinco centavos para hablar por teléfono?" Le pidió a la enfermera llena de vergüenza. "Mi bolsa se quedó en el carro, y no tengo idea de donde estoy." Explicó consternada. "Mi bolsa se quedó en el carro del asaltante, no tengo idea a donde estoy. Voy a llamar a una amiga para que me lleve de regreso a New Orleans."

La enfermera no podía ocultar sus pensamientos, su rostro indicaba que el mundo ahí afuera estaba loco. No era para menos. A pesar del aspecto patético y risible que ofrecía, vistiendo un vestido rasgado y ensangrentado, vendada como momia seguía afirmando que todo estaba bien, y que nada de relevancia le había sucedido. La enfermera miró a Alexandra con gesto de resignación y en silencio metió la mano al bolsillo de su uniforme sacando la moneda de veinticinco centavos.

"Gracias." Dijo Alexandra, desviando los ojos.

Atravesó a toda prisa el lobby hacia los teléfonos públicos, cogió el teléfono, marcó el número mirando rápidamente hacia las puertas de entrada. Afuera la mañana estaba bien entrada. Había perdido noción del tiempo, pero eran de menos tres horas mas tarde del tiempo que tenía asignado para presentarse en su trabajo.

"Hola?"

"Katie?" Indagó Alexandra. "Siento molestarte, tuve un accidente esta mañana. Me encuentro en un hospital que está cercano al puente que va a Gretna. Quería pedir si podías venir a recogerme. No tengo idea como regresar a New Orleans. Perdí mi bolsa." Hablaba rápido y nerviosamente aunque hacía esfuerzos por sonar natural.

Alexandra oyó el silencio al otro lado de la línea y después la desconcertada voz de su amiga. "En que hospital? Cómo se llama el hospital?"

"No sé. Déjame preguntar." Dijo dudando. "Un momento."

Katie trabajaba con ella en el hospital Touro. Katia trabajaba unas horas por la tarde, y por las mañanas estudiaba en la Universidad de Louisiana. Cambiando horas de trabajo es como se habían conocido. Katia era afro-americana, tenia como veintidós años.

"Excúseme, podía decirme el nombre de este hospital?" La mujer que iba pasando se detuvo por un segundo frente de Alexandra y le dio el nombre.

"Estoy en el hospital Jo Ellen."

"Okay." Dijo su amiga. "Ya sé a donde está. Estaré ahí dentro de veinte minutos."

"Gracias. Te estaré esperando en la puerta principal."

"Okay."

Colgó el teléfono, doblemente nerviosa. Sabía que Katie no había creído la historia que le había dicho. Su accidente era increíble. Residía en New Orleans, si hubiera tenido un accidente en camino a su trabajo que cosa estaba haciendo en el hospital de otra ciudad?

Después de esperar unos minutos, Katie estacionó su carro frente a la puerta principal.

"Hola!" Alexandra saludó a su amiga y abriendo la puerta saltó dentro del carro.

Los ojos de Katie se abrieron como platos al mismo tiempo que abría la boca por la sorpresa.

"Qué te sucedió?" Le preguntó Katie al tiempo de poner en marcha el carro.

"No me preguntes." Alexandra contestó apenada.

"Bueno?"

"Si te lo digo, no vas a creerlo. Yo tampoco lo creo."

Katie alzó las cejas.

"Un tipo me secuestró esta mañana, pero antes de que pudiera hacerme nada, salté de su carro en el viaducto."

Katie se le quedó viendo de frente, incrédula.

"No puedo ir a trabajar con todos estos vendajes." Alexandra continuó.

"Por supuesto que no puedes." Katie interrumpió azorada por lo que acababa de escuchar.

"Podrías por favor dejarles saber cuando vayas a trabajar, que tuve un accidente y que por esa razón no me presente a trabajar."

"Lo haré, no te preocupes."

"Por favor, no les digas lo que pasó. Es vergonzoso. No quiero que nadie sepa."

"Niña, no has hecho nada. Que es lo que te preocupa?"

"Nada, pero no quiero que sepan." Se quedó callada por unos segundos y luego añadió, "quiero ir a la casa de mi hermana. Vive en Metarie. Mi hijo está con ella." Le explicó.

"Muéstrame el camino."

Alexandra le indicó el camino, y el resto del viaje lo hicieron en silencio. El silencio que guardaba Katie indicaba que esperaba más explicaciones, pero no iba a dárselas. Todo lo que quería decir acerca del asunto lo había dicho, aunque lo dicho no hacía ningún sentido.

"Aquí es!" Exclamó con entusiasmo. "Te agradezco mucho."

"De nada, niña. Espero que mejores."

"Estoy bien, no te preocupes." La abrazó y salió del carro con alivio. Solo unas horas antes no podía haber dicho con seguridad si iba a regresar ó no.

"Qué te pasó?" Gritaron al mismo tiempo su hijito y su hermana cuando abrieron la puerta mirándola aterrorizados como si hubieran visto a una aparición.

"Estoy bien. No se preocupen." Dijo sentándose con desmayo.

"Cómo que no nos preocupemos si estas envuelta en vendajes, que te sucedió?"

Alexandra rió nerviosamente, contándoles en unas cuántas palabras lo que había pasado.

"No puedo creerlo, Alexandra. Es un milagro que estés viva."

"Dios me ayudó a salvarme, eso es todo. Estoy bien, un poco adolorida pero saludable."

"Estás segura mami?" le preguntó Franco abrazándola con su característica sensibilidad.

"Sí, hijito, mami está bien. No hablemos más de ello." Besó a su hijito varias veces, y luego añadió. "Nos quedaremos todo el día aquí, pero en la mañana regresaremos a New Orleans."

Su hermana la observaba en silencio. "No tengo trabajo, así que voy contigo."

"Tuve mucho miedo cuando ví al policía." Confesó. "Creí que iba a salir en las noticias si abría la boca, y que nos deportarían a todos."

"Ya lo sé." Su hermana dijo en voz baja.

"Bueno, voy a acostarme." Dijo Alexandra.

"Yo voy a ir a la tienda a comprar algo de comer. Me llevo a Franco. No tardamos."

"Okay."Alexandra dijo, bostezando. De pronto lo único que quería era dormir y descansar, para olvidar lo tieso y lo adolorido de sus músculos.

"Señora Rigaud? Habla Alexandra." No voy a poder ir a trabajar por unos días. Tuve un accidente y me siento toda adolorida. Lo siento."

"No te preocupes, querida, lo entiendo. Katie nos contó lo mal herida que estás. Te daré dos semanas libres, para que puedas recuperarte. Es este tiempo suficiente?"

"Señora Rigaud, es más que suficiente, muchas gracias."

"De nada. Tu salud es primero." Llámame si necesitas más tiempo."

"La llamaré, señora Rigaud. Gracias otra vez. Hasta luego."

"Hasta luego, querida."

Colgó con alivio. Al menos esa parte estaba solucionada. Le preocupada el trabajo, pero por el momento, en la condición en la que se encontraba, no podía presentarse a trabajar. El inmenso moretón que tenía en las asentaderas no la permitía sentarse ni acostarse de espalda. Le dolía tremendamente, además de la profunda incertidumbre é inquietud que la embargaba no sabiendo a ciencia cierta que otras consecuencias le podía traer lo acontecido. El maníaco se había quedado con su bolsa, por ende, conocía su nombre y donde trabajaba. Lo sabía por la credencial de trabajo que guardaba dentro de la bolsa. La estaría buscando ahora para terminar quizá lo que había comenzado? No podía desechar esa posibilidad y le preocupaba tremendamente. Había sin embargo, una cosa en su favor—el maníaco no tenía la dirección de su casa. En su trabajo excepto por su nombre y número de seguro social, toda la información que había dado era falsa. No teniendo el permiso para trabajar en el país, había tomado la precaución de protegerse por si acaso alguien sospechaba de su estancia ilegal.

El timbre del teléfono la quitó de sus pensamientos, y sobresaltó a Franco que miraba la televisión en la sala.

"Hola?"

"Hola, bonita!" Saludó la inconfundible voz desde el otro lado de la línea. "Qué hay de nuevo?"

"Hola, Warren, como estás?" No pudo disimular la alegría y sorpresa que le causaba.

"Yo te pregunté primero." La voz masculina estaba llena de emoción. "Así, que dime, como están?"

"Estamos."Bien." Mintió Alexandra.

"De veras? No te oyes muy convincente." Warren dijo. "Pueden regresar a Utah si las cosas no están bien por allá, tú ya lo sabes."

"Sí, ya lo sé. Gracias." Dijo nerviosamente.

"De hecho, porque no lo hacen? Alysjo y yo hemos estado hablando acerca de eso. Los extrañamos, mis hijos también les extrañan. Ustedes conocerían al más pequeñito de mis hijos. El que estábamos esperando cuando se fueron de aquí hace más de un año."

"Sí, lo recuerdo. Cómo está?"

"Muy bien, es encantador!"

"Ya me imagino. Bueno, me alegra."

"No me has contestado. Van a regresarse?"

"Warren, no creo que este bien. Sería demasiada la imposición para ti y Alysjo cargar con nosotros otra vez." Mi hermana Adela está conmigo ahora."

"Alexandra si quieres regresar, mi casa está abierta para ti y tu familia. Alysjo está de acuerdo. Déjame saber si te decides."

"Voy a pensarlo."

"Vives muy lejos. Regresa! Aquí yo puedo cuidarlos a todos."

Así, sin más, lo dijo. Como si hubiera intuido que estaban en peligro y hubiera llamado para ofrecerles la alternativa que necesitaban para estar a salvo. Por el momento ella no lo estaba.

Aparentaba calma frente a su hermana y Franco para no preocuparlos, pero la verdad es que sentía una tensión espantosa temiendo que en cualquier momento pudiera encontrarse frente a frente con el maníaco para llevársela con él otra vez.

"Dime que van a regresar!" Insistió Warren, "aquí puedes encontrar trabajo. Utah es un lugar seguro, al menos más seguro que New Orleans."

"Bien." Asintió. "Regresaremos."

Escuchó su risa placentera. "Bien hecho. Así es como debe ser. Tu pequeñito va a estar más feliz aquí."

"Estás seguro de que Alysjo estará de acuerdo? No quiero regresar ahí a causarte problemas."

"Aquí está conmigo. Pregúntaselo si quieres."

Sin más escuchó a Alysjo.

"Alexandra, estoy de acuerdo en que vengas. Por esto te hemos llamado. Hemos estado pensando en ti y sentimos que estarías mejor aquí.

"Gracias, Alysjo. Les he causado tantos problemas. En verdad agradezco tu bondad."

"Aquí está Warren." fue lo que dijo.

"Ya ves? Te lo dije." Puedes venir, bonita."

"Si tú dices."

"Cuando llegues, llámanos. Iremos a recogerles al sonido de tu voz."

"Será como en una ó dos semanas."

"Bueno. Te esperamos pronto. Hasta luego."

"Hasta luego."

Sin pensarlo había aceptado, motivada quizá por la zozobra que le causaba saber que el maníaco andaba rondando en algún lado, y también, por el deseo que tenía de mitigar los malos recuerdos que habían acaecido en New Orleans. Fué hasta donde estaba su hijito y lo abrazó.

"Nos vamos de regreso," le dijo cuando lo tuvo en brazos.

"A donde mami?" Preguntó sorprendido.

"A Utah, mi dulzura. Warren llamó. Quiere que nos regresemos. No iba a aceptar regresar, pero después de todo lo que me sucedió, es mejor regresarnos allá. No me siento segura en este lugar."

"Es lógico. Yo tampoco me sentiría segura." Su hermana Adela replicó desde la cocina. "Oíste eso, Franco? Nos vamos de regreso a Utah." Su hermana repitió, dirigiéndose a Franco.

"Cuándo nos vamos mami?

"La semana que viene."

"Me gusta Utah, mami. Allá podré jugar con mis amigos de nuevo."

"Sí, mi queridito, allá podrás jugar. Las escuelas de allá son más bonitas. Te acuerdas de tu maestra, que buena era, y cuánto te quería?"

"Sí."

Irma Noriega

73

Con mano temblorosa, Alexandra marcó su número. No sabía porque lo estaba haciendo. Quizá para verlo una vez más. Esta vez se iría de New Orleans para siempre.

"Hola?" Oyó a Jules decir.

"Jules? Habla Alexandra." Siento molestarte a esta hora de la noche, pero nos vamos esta noche de New Orleans, y quería pedirte si podías que nos llevaras a la estación del camión?"

Silencio.

"Estás ahí? Jules?"

"A que hora?" Preguntó finalmente.

"Dentro de una hora," dijo, "el camión sale a media noche."

"A donde van?"

"A Utah."

Silencio.

"Estaré ahí," sin comentar otra cosa colgó.

Alexandra se quedó viendo la bocina por unos segundos en silencio. No se había sorprendido con la llamada ó si se había sorprendido, no podía decirlo. Sacudió la cabeza, colgó la bocina, y se levantó. No quería empezar a recordar.

Adela y Franco se encontraban en el patio contando las estrellas, y escuchando el canto de los grillos. Los ojos de Franco estaban abiertos como dos estrellas brillantes reflejando como siempre admiración y sorpresa, alerto de todo. Cuánto iba él a echar de menos las lagartijas, los caracoles, las ranas, los escarabajos, las pequeñas expediciones que hacían de cuándo en cuándo en busca de tréboles de cuatro hojas, y sus juguetes que ya habían regalado para hacer su viaje menos aparatoso.

"Qué dijo Jules?" Le preguntó Adela. "Nos va a llevar a la estación del camión, ó se negó? El tipo es absolutamente odioso!"

"Nos va a llevar." Contestó Alexandra. "Bueno, eso espero."

Acomodaron el equipaje en lo alto de la escalinata, y se sentaron el suelo a esperar la llegada de Jules. A las once y media, llegó. Recogió el equipaje en silencio y lo metió en la cajuela de su cadillac nuevo. Cuando terminó, dijo, "Nos vamos?"

Asintieron y se subieron al carro.

Dentro del carro no pudo dejar de mirar su perfil, parecía una máscara impasible, en la cuál no tenía expresión alguna más que la barrera indestructible que siempre había puesto entre ellos. Pero los olvidados recuerdos se encontraban aún ahí, clavando y afligiendo su alma con pena y pesadez. Desde que lo conoció, él había destruído, uno a uno, todos sus sueños.

Cuando llegaron a la estación, era casi la media noche, pero a pesar de tan tarde hora, la estación del camión estaba llena. Alexandra miró de un lado a otro nerviosamente. El ruido ensordecedor del motor de los camiones era la más clara indicación que dentro de unos pocos minutos todo quedaría atrás. Jules a corta distancia se encontraba parado inmóvil, como la estatua de bronce que siempre había mirado, insensible, esperando a que se fueran.

Los pasajeros habían formado una línea para abordar el camión, y algunos se apresuraban a hacerlo. Volteó la cabeza para mirarlo. Una última mirada y eso fue todo—ni siquiera una palabra de adiós.

El camión olía a sudor y suciedad. Iba llenísimo, pero de momento nada le importaba. Se sentó y abrazó a su pequeñito fuertemente tratando de calmar el sonido de su corazón. Necesitaba sobreponerse y salir adelante. Utah ó cualquier otro lugar en este punto le daba lo mismo.

Por un momento, el casi insoportable calor la hizo sentir frío. Se puso su suéter titiritando. Un minuto después, el camión arrancó en mitad de la noche. No sabía porque, pero dentro de ella algo se rompía otra vez con un dolor tal como si un millón de pequeñas y punzantes espinas se le clavaran al mismo tiempo en el cuerpo, en el cerebro, y en su alma. Como una sombra apenas perceptible, la ciudad de New Orleans desaparecía atrás. Afuera en la oscuridad del cielo la luna brillaba plena como un inmenso faro.

Necesitaba olvidar. El tiempo y la distancia eran la mejor medicina, así como también lo era el riesgo de comenzar de nuevo.

Irma Noriega

EN UTAH

De casi cien grados de temperatura en New Orleans, en Utah descendió a veinticuatro grados, y nevaba copiosamente. Alexandra se quitó el suéter que llevaba puesto y se lo dio a Franco. Dejó a Franco con su hermana frente a la puerta de la estación, donde estaba secó, y caminó hasta donde estaba el teléfono público para llamar a Warren.

A esta hora de la noche, la estación de camión, en un pueblo pequeñito como este, estaba cerrada. Todo estaba oscuro excepto la nieve blanquecina que resplandecía sobre el piso.

"Hola?"

"Warren?"

"Alexandra?"

"Sí, acabamos de llegar. Estamos en la estación de camiones. Podías pasar a recogernos?"

"Llegaré como en quince ó veinte minutos." Dijo Warren.

"Siento haberte despertado."

"No hay problema. Ahí estaré."

"Gracias." Colgó. El viento silbaba locamente y hacía un frío tremendo.

"Qué cambiazo!" Adela emitió titiritando. "Quién se lo hubiera imaginado? Nevando en el último día de Mayo! Es increíble!"

"Sí, es una sorpresa, quién lo hubiera imaginado? Pero todo es posible con el tiempo que hace en Utah." Dijo Alexandra sentándose en el suelo cerca de Franco y cubriéndolo con sus brazos.

"Hablaste con Warren?"

"Sí, estará aquí dentro de unos minutos."

"Él es bueno en dejarnos venir aquí."

"Sí, sí es bueno," Alexandra confirmó. "Pero tenemos que mudarnos de su casa lo antes posible. No queremos causarles más problemas de los necesarios. Él está casado, y aquí venimos a interferir en su vida otra vez."

"Estoy de acuerdo contigo, tenemos que cambiarnos de su casa lo antes posible."

Alexandra no hizo más comentarios. Los tres días que habían pasado viajando en el camión la habían dejado exhausta. La única cosa que quería hacer era encontrar una cama, poner a Franco en cama, y dormir.

El ruido del motor del carro de Warren cortó sus pensamientos y también la nieve del asfalto.

"Hola." Saludó Warren, saltando de su carro y alzando el equipaje.

"Rápido! Súbanse. Se están congelando; dónde están sus abrigos?"

"La temperatura en New Orleans estaba en noventa y nueve grados. No nos imaginábamos que estaría nevando aquí. No tenemos abrigos." Adela explicó.

"Ahora se calientan. Hay una calefacción muy buena en el carro."

"Se van a sorprender cuando les diga quién está aquí." Dijo.

"Quién?" Alexandra y Adela preguntaron.

"Su hermana Mariana y su hijo están aquí," explicó, "llegaron desde hace una semana," continuó. Dijo que llamó al hospital donde trabajabas en New Orleans, y ahí le dijeron que habías renunciado y que te habías regresado aquí."

Alexandra y Adela se miraron una a otra apenadas. Él les había ofrecido su casa, pero no a toda la familia.

"Warren, lo siento, no sabíamos que ella había venido." Dijo Alexandra no saliendo todavía de su asombro. "No hubiéramos venido de haberlo sabido. Por lo menos no ahora. Es demasiado para ti y Alysjo teniéndonos aquí al mismo tiempo a todos."

"Alexandra," Warren la miró con reproche. "Tú y tu familia serán siempre bienvenidos en mi casa. Sabes bien que haría cualquier cosa por ti."

Alexandra y Adela voltearon a mirarse apenadas.
"Gracias." Alexandra dijo, no sabiendo que otra cosa contestar.

Irma Noriega

75

Vieron a Alysjo en la mañana, su resentimiento era obvio. Inesperadamente su esposo le había robado de privacidad pidiéndole que cinco extraños invadieran su casa, y esto era algo muy difícil de comprender. Alexandra no la culpaba, Warren los estaría manteniendo a todos, y quizá, dentro de ella intuía los verdaderos motivos que su esposo tenía al tenerlas aquí. Por esta causa desde que habían llegado, Alexandra evitaba acercarse a Warren, yendo a otro cuarto cuando Warren llegaba, ó haciendo plática con otros mientras él estaba presente.

Lo que no había podido evitar era el fuego que veía en los ojos de Warren poniéndola nerviosa.

"Alexandra," Alysjo llamó desde lo alto de la escalera. "Daniel ha venido a verte."

"Ya voy," contestó.

Daniel Cartwright y Warren eran amigos. Había venido a visitarles un par de veces, y Alysjo lo había invitado a quedarse a cenar. Subió la escalera.

"Hola." Alexandra saludó a Daniel sorprendida por lo inesperado de la visita.

"Hola," la saludó Daniel con una sonrisa. "Quería invitarte al cañón a conocer mis caballos. Te gustaría?"

Alexandra miró nerviosamente a Alysjo y a sus hermanas.

"Vé," Alysjo la animó. "Daniel se quedó muy impresionado contigo. Los caballos están como a quince minutos de aquí. El camino es muy bonito. Cenaremos hasta dentro de una hora."

Alexandra miró a Alysjo y después a Daniel. Daniel era fornido y atractivo. Alto como de siete pies. Pelirrojo, fornido y guapo. Sus ojos de color verde intenso. En este momento la miraba con una franca, abierta y atractiva sonrisa.

Dudó por un minuto pero después sonrió.

"Está bien." Asintió Alexandra. "Ahora regreso."

76

Regresaron cuando ya había anochecido. Habían tomado más tiempo del calculado y todos en la casa habían terminado de cenar. Franco y Sean se encontraban en la sala jugando dominó con los hijos de Warren, sus hermanas estaban en las recámaras de abajo, y Warren y Alysjo veían televisión.

"Hola." Saludó tímidamente entrando junto con Daniel.

"Hola amigo." Daniel saludó a Warren palmeándolo en el hombro.

"Hola," contestó Warren serio. "A donde fueron? Les estuvimos esperando por media hora antes de cenar."

"Discúlpame," Daniel se excusó. "Llevé a Alexandra a montar uno de mis caballos, y después decidimos ir a comer algo. Nos disculpas, no es así?"

La cara de Warren estaba un poco descompuesta.

"Por supuesto, que sí." Contestó.

"Alexandra es muy agradable. Me gusta mucho, tú lo sabes."

Daniel dijo esto con una sencillez sorprendente.

Una mueca más que sonrisa cruzó por la cara de Warren.

"Ya lo sé."

"Bueno," dijo Alexandra interrumpiendo.

"Gracias por la invitación Daniel y por la hamburguesa. Buenas noches."

"Buenas Noches." Dijo Daniel besando su mano.

Alexandra cruzó la estancia seguida de la mirada atenta de Alysjo, quien no había dicho una palabra.

"Buenas noches," dijo echándose a correr escalera abajo.

"Alexandra!"

Alexandra volteó y miró a Warren sorprendida. La había seguido alcanzándola a final de la escalera.

"Sí?"

"Qué cosa fue lo que te dijo?" Tenía ansiedad en su voz.

"Quién?"

"Daniel, a donde te llevó?"

Alexandra se sonrojó.

"Me dijo que le gusto, y que quiere casarse conmigo."

"Ya lo sé, lo comentó con Alysjo y conmigo el otro día, pero que le dijiste tú, Alexandra, vas a casarte con él?"

Parpadeó nerviosamente.

"No sé." Contestó. "Parece una buena persona, pero no sé."

"Dime que no vas a aceptar. Dime que no vas a casarte con él," lo dijo cogiéndola por los brazos, su voz sonaba enronquecida y sonaba herido. "Dime que ya no vas a salir con él otra vez. Dímelo!"

"Warren, Yo—" susurró confundida, mirando al suelo.

"Dímelo!" Se lo pidió mirándola con ansiedad.

"Warren, Alysjo está allá arriba."

"Dímelo!" Su piel estaba enrojecida y su voz temblando de celos y desesperación.

"Warren, estás allá abajo?" Alysjo llamó desde lo alto de la escalera. Se hallaba embarazada otra vez, y su casa estaba más desbaratada que la primera vez que había vivido con ellos.

Los ojos masculinos estaban implorando.

"No lo haré.. No voy a aceptar," contestó nerviosa.

La soltó. Su cara mostraba un dejo de consuelo y sus ojos el amor que le tenía.

"Buenas noches," se despidió yendo hacia arriba.

Las cosas se estaban complicando.

"Necesitamos cambiarnos de aquí." Se repitió, "lo más rápido posible."

"Alexandra, Daniel ha venido a verte," Alysjo le gritó desde lo alto de la escalera al día siguiente.

Alexandra sintió un nudo adentro de su pecho, pero subió corriendo. Warren había llegado de trabajar temprano, motivado quizá por lo de Daniel. Cruzó por donde se hallaba Warren parado en la cocina y fué hacia Daniel.

"Hola," la saludó Daniel sonriéndole y encontrándole a mitad de la estancia cogiéndola de la mano. "Voy a llevarme prestada a esta jovencita por unos minutos y después la traigo de regreso."

Warren no le contestó.

"Regreso en un par de horas." Alexandra notificó dirigiéndose a sus hermanas y a Franco.

Daniel, cogiéndola de la mano caminó con ella hacia afuera.

"A donde quieres ir?"

"A donde tú quieras." Le respondió Alexandra.

"Compremos hamburguesas, y de ahí, vamos a mi departamento. Quiero enseñarte a donde vivo. Estás de acuerdo?"

"Sí. Estoy de acuerdo."

Daniel manejó por veinte minutos, paro en un Mc Donalds, y luego hacia su departamento. La ayudó a bajar de la camioneta, sacó las llaves de su bolsillo, abrió la puerta, y se hizo a un lado para dejarla pasar.

" Wow! Es encantador!"

"Gracias." Daniel dijo sin vanidad.

Caminó por todo el departamento admirando la rústica pero excelente decoración.

"Bueno," comenzó Daniel tan pronto llegaron a su departamento. "Pensaste en lo que te pregunté anoche?"

"Sí." Contestó Alexandra sentándose junto a él.

"Y?"

"No puedo aceptar."

"Porqué?" Le preguntó Daniel.

"Acabo de conocerte, no podría casarme contigo sin quererte."

Daniel se quedó pensando por unos segundos.

"Es por causa de Warren, no es cierto?" preguntó alterado.

Se quedó callada.

"Él está enamorado de ti también, no es así? Lo noté desde el día que te conocí. Es tan obvio que no puede ocultarlo! Está tan loco por ti que está a punto de meter la pata."

Alexandra lo miró de frente sonrojándose, no sabiendo a ciencia cierta lo que quería decir. "Tuvo la audacia de venir a mi casa esta mañana a preguntarme si ayer que salimos te había besado y para pedirme que no salga contigo. Puedes creer semejante cosa?" Estaba furioso.

"Daniel, lo siento. No sabía que había venido a tu casa."

"Lo mandé al Diablo y le dije que mis asuntos no le importan." Su furia acrecentaba. "Casi terminamos en golpes. No lo hicimos, quizá porque hasta ahora hemos sido buenos amigos, de otro modo...," cerró los puños con furia.

"Daniel," Alexandra dijo, sintiéndose muy incómoda. "No quiero causarte complicaciones. De momento, estoy viviendo en casa de Warren. Creo que es mejor que me lleves de regreso. Tengo tu dirección y teléfono, cuando tenga departamento propio, te llamaré. Por lo pronto, no creo que es prudente vernos."

"Como quieras," dijo Daniel, todavía molesto dando un sorbo a su coca cola. "Terminemos nuestras hamburguesas. Pero recuerda," apuntó hacia ella con su dedo índice. "Estaré esperando por tu llamada. Tu hijo y tú me caen muy bien, además de que quiero casarme contigo," hizo una pausa. "No estoy jugando juegos contigo. Si aceptas casarte conmigo, podemos regresarnos a Wyoming al fin de este año. Allá es muy bonito. Tengo mucho más caballos de los que has visto aquí, algunas hectáreas de tierra... y también una casa muy bonita que estoy seguro a ti y tu hijo les encantaría."

"Gracias Daniel, lo pensaré." Contestó. Llévame ahora a casa."

Su oferta era tentadora. Significaba la solución a todos sus problemas, pero tal y como le había dicho, nunca podría casarse con alguien sin amarlo. Además, le había prometido a Warren que no iba a hacerlo.

Irma Noriega

78

Al fin consiguieron trabajo. Diez días después todo estaba listo para mudarse. Mientras desayunaban le soltaron las noticias.

"Nos mudamos hoy. Les agradecemos lo que han hecho por nosotros. Sin su ayuda, no hubiéramos podido subsistir."

Alysjo respiró con alivio. "A donde van a cambiarse?" Preguntó.

"Nos vamos a vivir a Provo." Mariana contestó sin mirar a Warren. "Ya era hora."

"Sí, ya era hora," Adela añadió. "Gracias por dejarnos quedar en tu casa por tanto tiempo Alysjo, y también excúsanos por haber perturbado tu privacidad."

"De verdad, gracias. Has sido paciente y generosa." Alexandra reitero.

"Nos gusta vivir aquí. Tenemos que mudarnos otra vez?" Sean y Franco preguntaron descorazonados.

"Vamos a mudarnos cerca de aquí, así que no va a ser difícil venir aquí a visitar algunas veces." Alexandra les explicó a los niños, quienes se encontraban todavía descontentos con la idea de cambiarse.

"Ya han empacado todo?" Preguntó Alysjo. "Si ya tienen todo, yo puedo llevarlas inmediatamente." El tono de su voz era apremiante. No podía ocultar el deseo de que se salieran de ahí de inmediato, antes de que sucediera algo que les hiciera cambiar de parecer.

"Yo las llevo," dijo Warren, quien hasta ahora se había mantenido callado. "Después de ayudarles a cambiarse, voy a ir a trabajar y no regresaré hasta las cuatro y media."

"Warren, quiero ayudarlas a cambiarse. Quiero conocer su departamento." Insistió Alysjo.

"Alys, voy a ir directamente a trabajar, no puedo traerte de regreso. Te mostraré a donde se cambian en otra ocasión." Diciendo esto, se paró abruptamente dirigiéndose a Mariana. "Recogemos las cosas?"

79

El departamento estaba bonito, con una atractiva carpeta y totalmente amueblado. Había dos recámaras, y por el precio era una ganga. Warren depositó en el suelo el último de los maletines.

"Bueno, amigas, las dejo aquí—instaladas."

"Sí, así es. Te lo debemos a ti, Warren, gracias!" Exclamó Mariana.

Alexandra estaba parada en la cocina sin haber hablado. Había procurado evitar a Warren desde la vez que la había alcanzado al final de la escalera cuando regresó de haber pasado la tarde con Daniel.

"No te vayas todavía." Le rogaron Sean y Franco trepándose en su regazo y hombros. "Juega con nosotros."

"Otro día, amiguitos." Dijo riendo levantándoles en el aire sosteniéndolos por las piernas. "Tengo que trabajar, pero regresaré a verlos pronto." Dejó a Sean y Franco revolcándose encima del sofá, y caminó hasta Alexandra con esa ternura en los ojos que le decía todo lo que su boca no podía decirle.

"Llámame si necesitas algo. Siempre estaré listo para ayudarte. No te olvides de esto."

"Sí, ya sé, Warren, gracias." Dijo evitando mirarlo.

"Bueno me voy," repitió yendo hacia la puerta. "Adiós amigos!" Gritó. "Buena suerte!"

"Adiós!" Contestaron Franco, Sean, Mariana y Adela.

Irma Noriega

80

Una semana después se encontraba lavando platos cuando llegó Warren. Estaba sola. Sus hermanas habían salido, y Franco y Sean estaban en la escuela.

"Hola." La saludó sonriente. "Cómo te trata la vida?"

Afable y atento, como si ninguna otra cosa fuera más importante para él en este momento más que oír lo que ella contestaría.

"Estoy bien," contestó nerviosamente dejándole pasar.

"Dónde están todos?" Preguntó paseándose por el cuarto.

"Se fueron." Contestó alzando los hombros, "unos a la escuela, al trabajo."

"Mis trabajadores están esperándome afuera." Le explicó paseando de uno a otro lado de la habitación, repentinamente se había vuelto tenso. "Bueno... me voy.. Vine a ver si..." se la quedó viendo a los ojos, "si.. todo estaba bien."

"Todo está bien, gracias."

Sin decir más, salió apresurado por la puerta como si hubiera recordado de súbito algo, volteando todavía para mirarla.

Como había pasado la primera vez que había venido a Utah, Warren venía a visitarla diario. Paraba dos veces al día, en su ida al trabajo y de regreso del trabajo. No podían impedir sus visitas. Cuando venía, se sentaba en la sala, y ahí jugaba con los niños un rato, ó se revolcaba con ellos sobre la carpeta, siempre riéndose, con esa auténtica, feliz, y completamente atrayente risa que él tenía.

"Hey, bonita!" Siempre le decía bonita. "Cómo haces para mantener este lugar tan presentable? Me encanta pasarlo aquí."

Los hombres que trabajaban con él, le esperaban afuera, ocasionalmente, venían dentro de la casa. Todos eran hombres grandotes, fornidos, rubios, de barba y bigote, tipo rudo como de montaña igual que Warren. La ponían nerviosa, se la quedaban viendo en silencio, a veces con miradas sensuales. Los hombres por alguna razón, se sentían atraídos por ella, y esto la ponía nerviosa.

"Regreso mas tarde." Warren dijo al salir seguido por sus trabajadores.

Asintió en silencio cerrando la puerta.

81

Vivir en Utah era placentero. No había muchas complicaciones. El lugar era salvo para vivir, y Sean y Franco tenían muchos amigos. Abrió la ventana, y miró las montañas, rodeaban el valle ofreciendo una vista espléndida. Llevaban viviendo ahí siete meses y las montañas siempre parecían estar pintadas de color rosa cuando el sol se hundía por detrás del lago al caer la noche. Warren no había venido a verles por varias semanas. Por esta razón cuando tocaron a la puerta esa tarde, la última cosa que se imaginó fue que era Warren. Tenía un aspecto desastroso. La camisa blanca que llevaba puesta estaba desabrochada, no se había rasurado, y su pelo negro caía despeinado en su frente.

"Hola," saludó, "puedo pasar?"

Abrió la puerta de par en par.

"Estás bien?" Preguntó.

Warren no le contestó. Entró y se sentó en silencio en el sofá y por un momento se cubrió la cara con sus manos. Lanzó una mirada rápida hasta donde él estaba. Sabía lo que su silencio indicaba. El hombre la quería. Sus ojos se lo habían dicho tantas veces. Se mordió los labios nerviosamente.

"No puedo evitarlo!" Declaró de pronto levantándose y en dos zancadas la alcanzó hasta donde estaba. "Te quiero!" Le dijo fervientemente estrechándola en sus brazos. "Te necesito."

No hubo tiempo de escapar de su abrazo, antes de que reaccionara, la cargó en sus brazos, conduciéndola hasta la sala, donde se sentó con ella todavía en su regazo.

"No tengo ninguna duda acerca de esto, Alexandra, oíste? Te quiero." Sus ojos eran sinceros, límpidos, y seguros.

"Warren, yo también te quiero, pero—"

Irma Noriega

La abrazó vehementemente y la besó con todo el amor y la pasión que sentía por ella. Su cara estaba enrojecida, y sus pupilas abiertas, brillantes, relucientes.

"Voy a divorciarme de Alysjo. No puedo continuar casado con ella queriéndote de este modo."

"Warren," Alexandra no sabía como decirlo. "Yo también te quiero, pero no quiero ser la manzana de la discordia entre Alysjo y tú. No quiero ser en tu vida la mujer que viene a destruir en un minuto lo que te tomó años para construir: tu casa, tu matrimonio, tus hijos."

"Yo me haré cargo de ellos," dijo, "pero te quiero y necesito estar contigo."

"Yo también quisiera estar contigo Warren," dijo con miedo, "pero no podría ser feliz sabiendo que renunciaste a todo lo que amas y todo lo que es valioso en tu vida a causa de mí."

"Puedo afrontarlo," dijo firme. "Voy a decírselo. Lo tengo decidido."

"No podemos hacerle esto a Alys; ella está esperando otro bebé, y yo no puedo hacerte esto a ti tampoco. No después de que me has ayudado. No puedo pagar el favor que me has hecho destruyéndote de esta manera."

"Alexandra, lo he pensado una y otra vez." Sonrió con ternura, conmovido por la preocupación de Alexandra. "Todo saldrá bien."

"No, no está bien. Te excomulgaran de la Iglesia." Insistió.

"Puedo afrontarlo." Dijo, extremadamente sereno. "Es un infierno así." La trajo más cerca de sí, acariciándole el pelo, la espalda, besándola en silencio.

"Vete por favor, eres una tentación, vete ahora antes de que construya mi felicidad destruyendo la tuya." Tenía un miedo terrible. Hubiera sido tan fácil cerrar los escrúpulos de su mente, y reposar a su lado en éxtasis, en sus amados brazos que habían estado extendidos hacia ella cada vez que los había necesitado. Quería casarse con él, pero no de este modo—lastimándolo a él, a sus hijos y a Alysjo.

Warren tenía una mirada de preocupación, pero sonrió.

"Bien." Dijo levantándose. "Me voy, por lo pronto."

82

A la mañana siguiente los golpes en la puerta la sobresaltaron.

"Voy, ya voy!" Gritó vistiéndose y corriendo deprisa hacia la puerta.

Abrió la puerta y de inmediato la esposa de Warren entró llorando. Sus ojos estaban hinchados por llorar y se veía hecha un desbarajuste.

"No puedo creer que me hayas hecho esto, arrastrándotele a mi esposo y lanzándote en sus brazos en mi espalda!" Se sonó la nariz. "Te abrí las puertas de mi casa a ti y a tu familia. Te ayudé! Te dí mi confianza, y me pagas de este modo: coqueteando con mi esposo y tratando de quitármelo." Lloraba inconsolable. "Cómo puedes hacerme esto? Que no te da vergüenza quitarles el papá a unos niños inocentes?"

Alexandra se empalideció. "Un momento! Has entendido todo mal Alysjo" Alexandra dijo, llena de enojo. "No ando atrás de tu esposo. Si quisiera quitarte a tu esposo, ya te lo hubiera quitado desde hace mucho tiempo, pero no soy esa clase de persona." Se detuvo para calmarse y tomar aire mirando a Alysjo en los ojos. "Tu esposo y yo nos quisimos desde que estaba en su misión. No comenzó cuando me hospedé en tu casa. Tú eres su esposa, y yo respeto eso. No tengo ninguna intención de quitarte a tu esposo y destruir tu familia. Se lo dije ya a Warren."

"Sus trabajadores me dijeron que viene a verte todos los días y que se queda aquí unas horas."

"Alysjo, no está en mis manos evitarlo. Si él viene a mi puerta tengo que abrirle."

"Cómo puedes hacer esto a mis espaldas? Cómo te atreves?"

"Alysjo," Alexandra contestó haciendo esfuerzos monumentales de mantearse serena, "no tengo ninguna otra cosa que decirte, si tu tienes algo más que discutir, vé a discutirlo con tu esposo." Hizo una pausa y continuó. "Si yo fuera tú, me regresaría a mi casa, confiaría en mi esposo, y me olvidaría de esto. No voy a lastimarte. No voy a quitarte a tu esposo. No te haría esto a ti, ni a él, ni a tus hijos. Se lo dije a Warren, y ahora te lo estoy diciendo a ti. Lo quiero mucho como para quitarle todo lo que era importante para él antes de que yo viniera."

Alysjo, que no se había movido del lugar que había tomado desde que entró, se quedó callada por unos minutos, mirando a Alexandra con recelo, sin haberse convencido. Era el vivo retrato del sufrimiento. Pálida y desarreglada como estaba, reflejaba una mujer que no era libre, sino una mujer que dependía totalmente y enteramente de otro ser humano para poder subsistir: su esposo. El observarla fue para Alexandra como un momento de revelación. A pesar de todas las dificultades que encontraba como consecuencia de ser madre soltera, poseía una gran ventaja, el de ser independiente y libre. Su seguridad no dependía del esfuerzo de ninguna otra persona, más que de su propio esfuerzo.

"Warren dijo—" continuó Alysjo.

"Tus preocupaciones son infundadas." Alexandra la cortó. "Nada ha sucedido entre tu esposo y yo. Nada sucederá. Si yo fuera tú, regresaría con mi esposo y lo amaría, lo amaría como se lo merece. Yo he decidido mudarme a Salt Lake City, y con esto, me pondré fuera de tu camino. No creo que tu esposo vaya a poder manejar todos los días hasta Salt Lake City para verme."

Cuando Alysjo se fué, respiró con alivio. La visita le había dado dolor de cabeza. No estaba segura que había sucedido para precipitar la reacción de Alysjo, pero imaginaba que Warren le había hablado acerca de ellos. "Es muy tarde para nosotros, Warren." Dijo quedito, acordándose a la vez de los ojos amorosos de Warren y de la angustia que había visto en Alysjo. Cambiándose a la ciudad de Salt Lake, haría que Warren entrara en razón. No admitía la idea de ser feliz causándole infelicidad a otros. Todo había terminado. No podía aceptarlo a pesar de quererlo tanto.

83

"Alysjo dice que vas a ir a vivir a Salt Lake City." Tenía a Warren frente a ella, interrogándola con incredulidad. La aflicción estaba reflejada en cada rasgo de su cara.

Porque la estaba torturando? Que no se daba cuenta de que aún que lo amaba, que sus principios la impedían el placer de su presencia y su cariño?

"Sí, es cierto." Alexandra le contestó, con voz baja, mirando hacia otro lado. Teniéndolo frente a ella era irremediablemente como encontrarse al final de un callejón sin salida. Hubiera sido tan fácil abrazarlo ahí mismo.

"Alexandra, no quiero que te vayas a vivir a Salt Lake City!" Dijo triste.

Lo miró brevemente. Se veía tan atractivo aun en este momento de desilusión.

"Por favor vete," pidió, "regresa con tu esposa."

"Me quedaré con Alysjo si eso es lo que quieres. No vendré a molestarte más, pero no te vayas, no te mudes a Salt Lake City. Te vas a perder allá. Es un lugar muy grande."

Se lo quedó viendo, herida y sonrojándose hasta la raíz del pelo. Si se quedara, caerían en brazos uno del otro. "Warren, voy a cambiarme, cuando me cambie, vas a olvidarme, vas a ver." Lo miró de frente firmemente. "Vete, ó tus trabajadores, le dirán a Alysjo que viniste aquí esta tarde, y esto te traerá más complicaciones en casa de las que ya tienes."

Se la quedó viendo, rehusándose a creer lo que estaba oyendo. Sus ojos eran sinceros, estaban dilatados."Es eso lo que quieres?"

"Sí," contestó seria "Esto es lo que quiero. Estás casado. Tu lugar está al lado de tu esposa y de tus hijos, no conmigo."

Warren abrió la boca como para decir algo, pero no dijo nada. La cogió por los brazos con fuerza asiéndola hacia sí para mirarla a los ojos, la miró por unos segundos y después la soltó. Se volvió en sus pasos lentamente y Alexandra oyó sus pasos que acompasados se alejaban.

Se quedó cerca de la ventana, y cansada miró hacia horizonte. Era toda una empresa cambiarse otra vez, pero mudarse se había convertido en su vida algo rutinario.

Warren se metía ahora dentro del truck.

"Adios, querido amigo." Dijo bajo.

Permaneció inmóvil mirando por la ventana. Sus ojos perdidos en el infinito. Hasta hoy había vivido una vida nómada, pero dentro de su circunstancia, sin tener identificación legal, y un lugar estable donde vivir, era lo único que le quedaba por hacer. Era una nómada en la tierra. Desde que había llegado a los Estados Unidos sobrevivir se había vuelto la necesidad más esencial, y eso era lo que hacía -- sobrevivir día con día. "Mañana, quizá todos mis sueños se convertirán en realidad," dijo implorando dentro de su corazón por milagros. Salió afuera del departamento. Su hijito estaba jugando afuera con unos niños persiguiendo pompas de jabón y Alexandra trató de tocarlas con su mano. Brillaban como pequeños arco iris en la luz crepuscular. Por un momento dentro del colorido de cada pequeña pompa, podía claramente ver a su hijito bailando junto con ella al son de música inigualable sin pena alguna al fin realizados todos sus caros sueños. Sacudió su cabeza. Las pompas se evaporaron disueltas por el viento.

SEBASTIAN

" Nunca vas a ningún lado. Anda, arréglate y ven conmigo a la fiesta. No tengo a nadie más que vaya conmigo y quiero ir!"

Mariana insistió tanto que aceptó ir a regañadientes.

"Okay, okay, iré contigo, pero nada más esta vez." Alexandra dijo. "Ya sabes que no me gusta ir a fiestas, además de que no me gusta dejar a Franco en la casa cuando no voy a trabajar."

"Ya sé, pero por una vez no importa. Adela se quedará con Franco y Sean, además de que ir a una fiesta te hará bien. Quién lo sabe, a lo mejor te diviertes."

Hacia cinco días que se habían cambiado de Provo a Salt Lake City, pero ir a la fiesta esa noche, quizá estaba en el destino.

Vino desde el otro lado de la estancia de baile hasta donde ella estaba para presentarse, seguro y encantador. Pero ese instante, cuando la saludó diciendo "Hola, me llamo Sebastián," Alexandra se quedó viendo azorada, su firme y musculoso cuerpo, sus ojos azul metálico, su barba espesa, su pelo negro. Nada de él le desagradaba. Mostraba una confidente arrogancia, tan extravagantes y exagerados movimientos cuando hablaba, que se soltó en carcajadas por primera vez sin ninguna restricción.

Para Alexandra fue como amor a primera vista. Quería amar y ser amada. Olvidar los pasados fracasos.

"Estás casada?" Le preguntó Sebastián, llevándola hasta el patio mientras bailaban, a donde los rayos claros de luna bañaban el valle y las faldas de las montañas.

"Estoy divorciada." Mintió Alexandra, mirando en al distancia mordiéndose los labios.

Si le confesaba que era madre soltera le causaría mala impresión. El estar casada, era su experiencia, daba a las mujeres un aire de seriedad, protección, y prestigio. Admitir que nunca se había casado, era ser mirada por todos, como una perdida, sin ningún valor moral. No importaba de que modo quisiera mirarlo, la posición social, el reconocimiento, y respeto, en un mundo casi patriarcal en su totalidad, eran otorgados a las mujeres por los hombres.

"Me siento afortunado en conocerte"

Estaban, bailando todavía, le apretó la mano suavemente, y la miró ardiente.

"Yo también." Contestó juguetona no sabiendo todavía que pretendía.

"Puedo verte mañana?"

Le había causado tan buena impresión que Alexandra deseó verlo otra vez, y otra vez. "Sí." Contestó.

"Perfecto" dijo, sonriendo.

Caminó hasta el bebedero y sorbió con deleite. Su camisa blanca estaba empapada de sudor delineando su pecho varonil.

"Hiciste una conquista!" Mariana dijo burlonamente cuando la fiesta terminó.

"Por favor, no empiezes. No es nada."

"Yo creo que es algo. El tipo se veía bastante interesado en ti. Le diste tu dirección?"

"Sí, se la di."

"No es mal parecido, nada mal parecido."

"Ves lo que has causado?"

"Ya era tiempo. Eres una ermitaña."

No dijeron nada más, pero las cartas estaban puestas sobre la mesa. Ese fue el comienzo de su romance con Sebastián.

Una semana después, consiguió trabajo en un hospital esterilizando instrumentos quirúrgicos, y también comenzó a salir con Sebastián.

Trabajar en el hospital le agradaba, sin embargo continuó llenando solicitudes de empleo con la idea de conseguir un mejor trabajo. Se había propuesto trabajar para la compañía Enterprises 2000. Ofrecían mejores beneficios, y el salario era más alto que el que ofrecían otros empleos en la ciudad de Salt Lake City. Para su fortuna, tres meses después de hacer su solicitud con ellos la llamaron a la entrevista y la contrataron.

A pesar de haber logrado trabajar donde quería, no se sentía feliz. Trabajando en Utah sin tener residencia legal, la sometía frecuentemente a insultos y humillaciones que tenía que aguantar sin poder protestar. La situación no era agradable, pero era a lo que se había arriesgado al haber venido ilegalmente al país—trabajaba pero carecía de derechos. Fueran las circunstancias que fueran si quería sobrevivir se tenía que adaptar a ellas. Sin embargo, no recordaba este mal trato en el Este de los Estados Unidos. La gente allá, estaba demasiado involucrada dentro de sus propios grupos pare meterse en los asuntos de otros. "Vive y deja vivir" era la norma, y aunque fuera hasta cierto punto una forma dura y fría de ser, era una actitud más sana.

"Un hombre noble no se perturba por el plebeyo," su padre frecuentemente les decía tratando de instigarles el raciocinio de Sócrates. Sin embargo, cada vez que oía comentarios prosaicos—le era muy difícil mantenerse serena.

"No quiero hablar con un extranjero!" Escuchaba decir frecuentemente cuando contestaba el teléfono, "no llamé para escuchar un desgraciado extranjero! Porque no te regresas a tu país? Conéctame con alguien que hable Inglés."

La ignorancia es realmente falta de visión, pensó. Aun cuando los comentarios eran cosa de todos los días, no se podría nunca acostumbrarse a ellos. De ningún modo podía abrazar la idea de que alguien pudiera nombrarse superior y al mismo tiempo ser incapaz de respetar y considerar a otros individuos.

Irma Noriega

85

"No tengo intenciones de casarme," Sebastián le dijo el día en que lo conoció, y también cinco meses después, cuando la llevó a su casa a conocer a sus hijos. "Pero podemos tener una relación placentera." La miraba directamente a los ojos cuando hablaba.

Sebastián tenía cuatro hijos. Tres hombres, que vivían en casa con él y una niña, que vivía con su mamá. Se había divorciado hacía tres años, y por el tono de su voz cuando hablaba de viejos tiempos y su esposa, era obvio que todavía la estaba llorando, no solo ella sino la vida que habían tenido juntos.

Lo miró de perfil y se mordió los labios. Era la primera vez que un hombre había despertado en ella este instantáneo interés. Cuando bailaron sus brazos la habían abrazado tan tiernamente..

"Esta es mi casa," dijo Sebastián estacionándose en el garaje, ajeno a los pensamientos de Alexandra.

La casa de Sebastián no era muy grande pero se veía confortable y en orden.

"Joel, Al, Kris, donde andan?" Llamó Sebastián al tiempo que abría la puerta para pasar adentro. Se volvió hacia Alexandra. "Esta es tu casa. Estos son mis hijos." Los hijos de Sebastián habían entrado corriendo en la cocina y Sebastián orgullosamente frotaba con su mano el pelo de cada uno de sus hijos.

Alejandra estaba muy nerviosa. Los hijos de Sebastián parados uno junto la miraban con marcado resentimiento.

Es normal, pensó Alejandra tratando de hallar excusas para justificar la conducta huraña de los hijos de Sebastián. Si mi padre hubiera traído a una mujer a la casa cuando mi mamá murió, hubiera yo actuado del mismo modo. "Hola." Les saludó en voz alta, tratando de mostrarse amistosa, al tiempo que Sebastián la jalaba de la mano llevándola hacia su recámara.

La recámara de Sebastián estaba limpia, la decoración invitadora. Fue tan fácil besarlo. Lo deseaba más que nada en ese instante. Sebastián era increíblemente atractivo y varonil. Sintió un incontrolable temblor. Las manos acariciantes de Sebastián subían y bajaban dulcemente por su espalda abrazándola con ternura inigualable.

86

Cada día al terminar su trabajo se encontraba con Sebastián. Llevaba amándolo seis meses, y así es como habia acontecido—estaba embarazada. Esta noche se lo diría. Su pequeño hijo Franco se encontraba en su recámara dormido. Besó su frente con cariño y caminó impaciente alrededor del cuarto. Sebastián siempre venía a verla cerca de la once, se quedaba un par de horas y luego se iba. Eran diez minutos después de las once. El timbre de la puerta causó que su corazón latiera vigorosamente. Lo amaba completamente. La proximidad de Sebastián le provocaba deseos que nunca había sentido. Abrió la puerta ansiosamente, y Sebastián subió la escalinata lentamente. Traía la camisa un poco desabrochada dejando al descubierto una parte de su torso. Su pelo castaño y sedoso caía revuelto por su frente.

No había luz en la pequeña sala, solo la luz de la luna filtrándose a través de las cortinas. No importaba. Alexandra se sabía a la perfección cada una de las facciones de Sebastián. Sus manos habían corrido por su piel adorando cada rincón y pedacito de su cuerpo...

Se sentaron en la carpeta uno enfrente del otro. No tenía muebles en el departamento ni tampoco dinero. La sala estaba vacía. En la esquina sobre un ladrillo había un florero con margaritas. En la pequeña cocina, una mesa vieja y una silla. En la recámara, un colchón en el suelo donde dormía su hijo, unos cuántos libros en un librero, una pequeña televisión sobre un banco. La casa estaba muy limpia.

"Sebastián," Alexandra rompió el silencio. "Estoy embarazada".

Respiró profundamente tratando de disimular el temblor de su voz y mirando de frente a Sebastián.

Los puños de Sebastián se cerraron. No podía verlo bien, pero sentía la contrariedad en la cara de Sebastián.

"Te quiero. Quiero casarme contigo" continuó con voz trémula ignorando la rigidez de Sebastián.

"No podría casarme nunca con alguien que tiene un hijo negro," dijo Sebastián sin aspavientos levantándose en pie con precipitación, "pensar en la posibilidad de hacerlo sería tanto como el incauto que sueña con ser pianista sin tener dedos. Nunca podría pasar," caminó por el cuarto añadiendo, "no te quiero, nunca te he querido," su voz era escalofriante. "Estoy saliendo con alguien más, es de Idaho. Con ella tengo muchas cosas en común, contigo no tengo ninguna." Terminó sin miramientos. "Te pagaré por el costo del aborto." Dijo llevando las manos a su bolsillo.

Los ojos de Alexandra se cerraron momentáneamente. Trató de decir algo, pero no pudo. Las palabras se le habían secado adentro de la boca como se secan las hojas con el Otoño. El cuarto alrededor de ella parecía girar, y también, también su alma. El eco de sus palabras estaba todavía martillándole la cabeza con cruel agonía.

Alexandra se levantó y dio unos pasos hacia atrás. Sus lágrimas habían caído sobre su cuerpo tantas veces en momentos de éxtasis pero esta noche nada en él era atractivo. Esta noche se había mostrado como un cobarde que quería lavarse las manos de toda responsabilidad.

Sebastián caminó hacia Alexandra."Alexandra—" llamó.

"Te hice una pregunta y me diste una respuesta. No tenemos nada más que discutir. Has dicho todo lo que tenía que oír. Puedes irte ahora." Lo dijo con una gran calma.

Sebastián la miró sorprendido como si esperara otra reacción en vez de esa. Se detuvo como desconcertado por unos instantes y luego caminó de nuevo hacia ella.

"Vete," Alexandra demandó.

De súbito Sebastián se llevó las manos hacia la cabeza.

"Mi cabeza!" exclamó lastimeramente dándose cabezazos contra la pared como si hubiera enloquecido por el dolor.

"Vete," Alexandra dijo inflexible ignorando la sórdida escena "Regresa a tu casa, al lado de la única gente que te interesa—tu familia."

Todavía lamentándose por el dolor de cabeza, Sebastián bajó la escalinata que conducía hacia afuera sin voltear a verla, y salió.

Los pasos de Sebastián alejándose en la oscuridad de la noche produjeron en los oídos de Alexandra un eco escalofriante. Se mantuvo sin moverse por unos instantes y luego se dejó caer al suelo sofocada en sollozos. Lo que Sebastián le había dicho de su hijo, le hería más que saber que nunca la había querido. Pero que otra cosa podía esperarse de un hombre que ni su mismo bebé le importaba y que le había ofrecido dinero para hacer un aborto? Su reacción era increíble, como una pesadilla que presenciaba a través de un vidrio distorsionado.

Irma Noriega

87

Desde el día que Alexandra le dijo a Sebastián que estaba embarazada, Sebastián no había vuelto a buscarla. Por eso se encontraba adentro de su carro enfrente de la casa de Sebastián esperando el momento que llegara. Quería hablarle, clarificar otra vez las cosas—rehusándose a aceptar que fuera tan insensible. El corazón le saltó dentro del pecho al ver el carro de Sebastián estacionarse en el garaje. Una mujer bajita de pelo rojo saltó del carro con Sebastián, riendo felizmente. Sebastián la cogió de la mano y la jaló hacia su cuerpo mientras caminaron juntos hasta la puerta por donde desaparecieron sin siquiera haberse percatado de su presencia.

Alexandra bajó del carro y caminó rápidamente hacia la casa. La puerta trasera estaba abierta y por ahí entró cruzando la cocina y yendo directamente hacia la sala. El corazón le latía tremendamente. Trató de calmarse pero sentía ahogarse. Sus ojos se encontraron con los de Sebastián en silenciosa protesta. La mujer bajita de pelo rojo estaba sentada frente al órgano tocando una melodía y sonriendo al tiempo que Sebastián parado a su lado, la observaba.

"La puerta estaba abierta, así que entré," dijo Alexandra entrecortada.

La mujer le lanzó una mirada rápida y siguió tocando el órgano.

Sebastián se acercó a Alexandra volteando con aprensión a mirar a la mujer que continuaba tocando el órgano sin reparar en lo que estaba sucediendo.

"Esta es Mary, mi novia," se apresuró a decir Sebastián.

La mujer dejó de tocar y se volvió hacia ellos mirando a Alexandra.

"Esta es Alexandra, una de mis vecinas," Sebastián dijo.

La mujer dijo "mucho gusto," y sin mas siguió tocando el órgano.

Los ojos de Alexandra estaban fijos en los de Sebastián como si una fuerza extraña los mantuviera ahí. Llevaba cinco meses de embarazo, sentía un gran dolor dentro y unos tremendos deseos de gritar, pero no pudo.

Incapaz de soportar por más la presencia de Alexandra y su mirada de reproche Sebastián pasó junto a ella y desapareció por la puerta de la cocina. Alexandra quedó en la sala mirando a la mujer atentamente. Los ojos de la mujer se parecían a los ojos de un águila. Se veían vidriosos, fríos sin sentimiento. La mujer se movía con estudiado artificio, como serpiente, calculando cada movimiento. Mirándola era fácil deducir que era una mujer que sabía quién era, lo que quería, y que sabía como obtenerlo.

Alexandra había visto suficiente. La mujer se sentía segura de su atractivo—ella no, Sebastián había roto sus sueños, botándola con todo y bebé sin ningún remordimiento. Lentamente se dirigió a la puerta y salió.

88

Los últimos meses de su embarazo Sebastián se citó alternativamente con Mary y una mujer China. Alexandra las había visto con él espiándolo por la ventana. Era repugnante darse cuenta de que Sebastián compartiera su sexualidad tan libremente, y cuán absurda se sentía por mantenerse todavía interesada en él, después del modo en que él la había botado é insultado.

"Vamonos mami," la voz de su hijito jalándole de la mano, la quitó de la ventana y de sus pensamientos.

Lo besó tiernamente. Su hijito era su vida. Desde que había nacido su presencia había le había iluminado el camino con su inocente sonrisa y con la belleza de su alma. Su hijito y su hijita por llegar eran el único cariño verdadero que necesitaba. Por ellos tenía que mantenerse fuerte para darles lo que necesitaran y para protegerlos de las injusticias que en la vida a veces eran tan difíciles de evitarse.

Con su hijito de la mano corrió de regreso a su casa haciendo esfuerzos por no llorar. La noche tenía un penetrante olor a jazmín.

"Es muy confortable pasarla contigo." Era todo lo que Sebastián le había dicho, y ella se había enloquecido sin más. No había sido otra cosa más que una tonta, pero cuando lo conoció, fue como revivir. El sol le pareció más brillante—el mundo alrededor bueno y bello. Los fríos circunspectos é inexpresivos ojos de Jules al lado de Sebastián habían comenzado a borrarse, y desvanecer la tristeza que le habían causado y Warren, Warren estaba casado.

Irma Noriega

89

Estaba en el trabajo cuando comenzó el parto. Había ido al baño y estando ahí la sangre comenzó a correrle por las piernas hasta llegar al suelo. Miró y se aterró. Tenía miedo de moverse y vergüenza de salirse del baño sangrando. No había nadie más en el baño. Con el papel sanitario limpió como pudo la sangre que había caído sobre la tasa y en el suelo, se lavó las manos, se echó agua fría en la cara para limpiar las gotas de sudor que le habían aparecido, y moviéndose lentamente caminó hasta el pasillo. Un señor que trabajaba en la oficina adyacente pasó junto de ella.

"Podría por favor avisarle a mi supervisora que no puedo continuar trabajando estoy sangrando, he comenzado el parto. Mi nombre es Alexandra."

El señor la miró espantado y palideciendo echo a correr hacia la oficina donde trabajaba Alexandra a dar las nuevas. Mientras esperaba a que el señor regresara, su corazón latía locamente. Qué iba a hacer ahora? Su hijito estaba en la escuela. De algún modo tenía que dejarle saber que no iba a poder llegar a casa esa tarde. El hospital a donde tendría su bebé estaba a doce cuadras del trabajo. No tenía carro. Cogía el camión para venir a trabajar todos los días. Su trabajo estaba en el centro de la ciudad, en uno de los edificios más viejos de la ciudad. Había conseguido este trabajo pasando pruebas de aptitud y diciendo en la solicitud que era ciudadana Americana. No había encontrado problema, su pelo era castaño y su piel blanca así que no le habían hecho muchas preguntas.

Su supervisora tenía cara de preocupación cuando vino hacia ella. Era una señora delgada, entrada en años de dulce y amable postura, sus pequeños y sonrientes ojos azules casi se perdían atrás de sus anteojos.

"Te llevo al hospital," le dijo, "mi carro esta a dos calles de aquí. Voy a traerlo y regreso a buscarte."

"No quiero esperarme. Voy con Ud. estoy muy nerviosa." Alexandra dijo.

"Estás segura que puedes caminar?"

"Sí," Alexandra respondió. Pero la verdad no lo estaba, estaba aterrada y sola y no quería quedarse a esperar ahí.

La supervisora caminó con ella hasta el estacionamiento y después la condujo a la puerta principal del hospital. Al llegar, Alexandra saltó del carro."Gracias." Dijo.

"Quieres que le notifique a tu esposo? Le preguntó la supervisora.

"No tengo esposo" dijo Alexandra sin mirarla. "Estoy bien no se preocupe. Gracias por traerme."

Su supervisora la miró con incredulidad, dijo "buena suerte," y echo a andar el carro.

Alexandra caminó hasta la ventanilla de admisión a registrarse.

90

Después de haberse registrado en el hospital, llamó a su vecina.

"Luisa? Habla Alexandra." Estoy en parto. No tengo modo de avisarle a mi niño. Podías ir a mi casa a dejarle saber y llevarlo a la casa del Obispo? A esta hora ya debe haber regresado de la escuela. Podías hacerlo por favor?"

"Claro que sí." Alexandra escuchó la voz sorprendida de Luisa. "Quieres que le notifique a Sebastián? Después de todo, es su bebé. Tiene obligación de estar contigo."

"No!" Gritó Alexandra, "por favor no lo hagas! Vé solo a ver a mi hijo, y llévalo con el obispo."

"Esta bien, como quieras."

"Gracias," Alexandra dijo con alivio colgando.

Hacia dos meses que no veía a Sebastián. Lo había visto porque había cometido la insensatez de ir a buscarlo nuevamente queriendo despertar su instinto paternal. Era hora del lunche por tanto lo encontró solo en la oficina.

"No vengas aquí otra vez!" Le amenazó, enfurecido agitando su puño cerrado en el aire. "No quiero verte por aquí, ó merodeando a gatas alrededor de mi casa. Si lo vuelves a hacer," continuó amenazador, "voy a ponerme un tiro en la cabeza enfrente de ti. No te quiero" añadió lo más grosero que pudo. "Tú y yo no tenemos nada en común. Que no lo entiendes?" Su cara estaba enrojecida de furia, sus ojos escalofriantes y la boca no la contenía. "Que es lo que haces en Utah?" Enunció. "Porqué no te vas de aquí?" Paseó de uno a otro lado en la oficina. "Tú siempre has andado de un lado para otro, porqué tenías que venir aquí a caer como un satélite donde he vivido tranquilo toda mi vida? Detuvo su paseo para mirarla con odio. "El diablo debe haberte mandado para destruirme!" Añadió sentándose, y cubriéndose los ojos con las manos como para evitar mirar la horripilante figura que tenía frente a él.

Alexandra ofendida y herida no se había movido de la puerta. Estaba tratando de recordar a donde había escuchado antes palabras semejantes a estas?

91

Su niñita nació después de doce horas de parto. Fue a las tres veintiséis de la mañana cuando el llanto melodioso invadió su alma.

"Es una niñita!" gritaron alegremente el doctor y la enfermera.

"Quiero verla," murmuró Alexandra levantando el torso de la mesa de operación.

Había mirado el alumbramiento por medio del inmenso espejo que colgaba del techo sobre la mesa de parto, pero teniendo a su niñita en sus brazos era incomparable. La enfermera llevó la bebecita al lavadero más cercano, la lavó, y en cuanto la vistió, la trajo otra vez junto a ella.

"Bueno, que te parece?" dijo la enfermera sonriendo.

Alexandra miró a su pequeño bultito con admiración y ternura. Lágrimas mudas de amor cayeron de sus ojos.

"Quieres abrazarla?" Le preguntó la enfermera.

"Sí, por favor."

La enfermera depositó su nenita sobre su estómago y se alejó, dejándola saborear los gratificadores sentimientos. Que bonita era! El pedacito de cielo que había añorado con tanto amor por nueve meses estaba aquí por fin! Sus ojos color esmeralda los tenía bien abiertos, mirándola atentamente y sonriendo. Era tan pequeñita, bonita, y perfecta.

Irma Noriega

92

"Puedes poner tu niña para adopción," su obispo le dijo serio como discutiendo negocios.

Había venido a visitarla, y después de felicitarla por su bebé y salud no había esperado nada para ofrecerle "su ayuda."

"Es muy difícil criar un niño como madre soltera," continuó diciéndole, "y tú ya tienes uno. Tienes trabajo, pero del modo como las cosas están subiendo de precio no creo que te alcance. Es mucha la responsabilidad. Si tú quieres, puedo hacer una cita con una trabajadora social tan pronto salgas del hospital para arreglar lo de la adopción."

"Obispo," dijo fríamente ante la cara atónita del obispo, "no estoy planeando dar a mi hija por adopción. Reconozco que mi situación es difícil, pero soy capaz de hacer cualquier cosa por mis hijos. Los hijos no son cosas de las que uno puede deshacerse para evitar la carga y la responsabilidad de mantenerlos. Regalaría Ud. a los suyos? Yo quiero a mis hijos, Ud. no quiere a los suyos?"

Qué atrevimiento!" Pensó cuando se fué. Esta una de las razones por las que le gustaba estar sola! para evitar oír las sin ton ni son polémicas y decisiones que otros tenían acerca de lo que más le convenía hacer en el predicamento en que se encontraba!

Irma Noriega

93

Nevaba cuando le autorizaron la salida del hospital. Los pequeñitos copos de nieve brillaban como diamantes con la luz del sol primaveral mientras los pajarillos cantaban con algarabía. Llevaba su alma en los brazos donde su hijita dormía plácidamente, ignorante de la magnificencia del mundo a su alrededor. Alexandra avanzó con seguridad mirando hacia el cielo. Estaba dispuesta a luchar, Dios le estaba dando la oportunidad de la más grande gloria que una persona puede tener. Dos hijos! Cualquiera de sus decisiones les afectarían. Y ella quería ser para ellos un pilar de fuerza en el cual sus pequeñitos pudieran siempre sostenerse cuando lo necesitaran.

Depositó su pequeñita en la cuna y abrazó a su hijito quién había estado observando todos sus movimientos con sus amorosos y dulces ojos negros. Lo besó con ternura, apretándolo junto así al enseñarle a su hermanita.

"Tú y ella pequeñito mío," le dijo, "son los seres más importantes en mi vida, quiero que lo sepas."

Su hijito asintió y la besó. Hasta ahora había sido el único compañero que ella habían tenido. Él la había acompañado en su soledad, cuando la habían despreciado, en sus sufrimientos, llantos, en los insultos que había sufrido, estado al lado de ella en las alegrías... y todas estas veces, su pequeñito se había mantenido un niño ejemplar. Su hijito poseía un espíritu indoblegable, lleno de fuerza, perseverancia, y buena voluntad. Viéndoles juntos la ternura que sintió adentro era increíble. Los ojos de su hijito brillaban con esa luz que reflejaba la pureza de su alma.

De pronto, el timbre sonó. Se levantó y miró por la ventana. Era Sebastián. Traía consigo su equipo de tomar película y ella asumió que venía a tomarle fotografías a su hija. Su vecina ignorando lo que había pedido, le había notificado a Sebastián que su hija había nacido, pero Sebastián no había ido al hospital a ver a su hija. Desechó sus pensamientos al abrir la puerta escondiendo a la vez su temblor.

"Hola," saludó pasando, "dónde está?"

Cuando venía a verla, nunca saludaba a su hijo. Lo ignoraba como si no estuviera ahí. Alexandra se mordió los labios.

"En la recámara," añadió.

Se dirigió hacia la recámara y Alexandra y su hijito lo siguieron. Su hijito sonreía feliz. Estaba entusiasmadísimo que Sebastián viniera a conocer a su hermanita.

La bebecita de Alexandra estaba acostada sobre una reluciente colchita roja. Tenía tres días de haber nacido, y era absolutamente preciosa. Con los ojos cerrados parecía un ángel. Alexandra la tomó en sus brazos cuidadosamente, y levantándola le dijo. "Carly, este es tu papá."

"Qué bonita es!" Dijo Sebastián, mirando a la niña con la boca abierta. Se volvió de inmediato hacia donde tenía la cámara fotográfica, la cogió, y comenzó como lo haría un turista a tomar una fotografía tras otra.

"Quieres cargarla?" le preguntó Alexandra, cuando terminó de tomar fotografías.

Sebastián no contestó. Extendió sus brazos y tomó la niña en sus brazos. La levantó en lo alto, mirándola y observándola, subiéndola y bajándola y luego depositándola de nuevo sobre la cama.

"Es la bebé más hermosa que he visto." Dijo guardando su cámara en el estuche. "Cuándo nació?"

"Hace tres días."

"Bueno me voy."

Un segundo después se fué, de regreso a la vida que hacia lejos de ellos.

Le habían dado permiso de ausencia por seis semanas. Había tenido suerte—estar con sus niños era todo lo que deseaba. Estando en casa, no tenía que preocuparse de las miradas indiscretas de vecinos ni de sus preguntas. Había venido a Utah con el objeto de encontrar el lugar perfecto a donde vivir, pero no había encontrado más que desilusiones.

Irma Noriega

94

El timbre la quitó de su lectura. Era Sebastián. Había pasado un mes desde que tomó las fotos de su hija.

"Te traje las fotos que le tomé a la niña." Dijo al entrar.

Después la abrazó y ella terminó en sus brazos. Disculpas y palabras no habían sido necesarias cuando él estaba con ella entregándose en éxtasis a su alma, a su mente, y a su cuerpo.

Sebastián se quedó una hora, después, se levantó de puntitas y salió a la calle. Alexandra se vistió rápido con un sentimiento de angustia. Sin hacer ruido fué a la recámara donde su hijito é hijita dormían, y asegurándose de que todo estaba en orden, salió a la calle cerrando la puerta de entrada tras de ella. La calle a media noche estaba en completo silencio y su corazón le estaba latiendo tan fuertemente que daba miedo. Conteniendo el pánico y los latidos de su corazón se echó a correr hasta llegar a la casa de Sebastián. La casa de Sebastián estaba a dos calles de distancia, así que no le tomó mucho llegar. La casa de Sebastián estaba completamente iluminada. El carro de la mujer China que había visto tantas veces estacionado frente de la casa de Sebastián estaba ahí. Un miedo terrible se apoderó de ella. Las cortinas de la sala estaban abiertas. Se acercó a las ventanas para mirar adentro y quedó paralizada, adentro, la mujer China y Sebastián se besaban. Él la acariciaba enloquecido, como si estuviera hambriento por tocarla, y la única razón de su existencia fuera estar con ella en ese momento.

Si alguien le hubiera venido a contárselo no lo hubiera creído, pero lo estaba viendo. El amor de Sebastián era traición. No duraba mas que el breve instante cuando venía a burlarse de ella. Dejó la ventana y corrió enloquecida de regreso a casa mientras lágrimas amargas corrían por sus mejillas a causa de la humillación y el dolor que sentía. De regreso a casa, sus hijitos todavía dormían. Se inclinó hacia ellos y los besó con devoción, después sin hacer ruido fué a la sala donde minutos antes había estado los brazos de Sebastián y cayendo en sus rodillas, lloró hasta quedar sin lágrimas.

"La próxima vez que venga," se dijo. "No le abriré la puerta."

Pero para su desilusión, Sebastián no vino al día siguiente ni el siguiente ni el siguiente. Dos semanas después Sebastián se presentó en su casa.

"Qué es lo que quiere de mí?" Alexandra se preguntó cuando lo vio.

Se había resuelto firmemente a no abrirle pero le abrió. Estaba ahí y esa era la única explicación. Mirándolo desde la ventana le despertaba incontrolables recuerdos, humillación, amor, odio, repulsión, y sobre todo, una tristeza inexplicable. Llorando se arrojó en sus brazos.

Cómo puedo amar a un hombre tan repugnante? Se preguntaba mientras lo amaba lavando con sus lágrimas su cuerpo.

95

Alexandra caminó hasta la casa de Sebastián y se metió. No había sabido de él por cuatro semanas. Había hecho rutina tomarla a su placer y botarla como se tira basura. Cerró la puerta tras ella y se encontró tal y como lo imaginaba con la mujer China. Estaba parada en mitad de la cocina con un vaso en la mano.

"Hola," saludó Alexandra, "está Sebastián en casa?"

La mujer la miró sorprendida. "Porqué preguntas? Quién eres?"

"Mi nombre es Alexandra. Sebastián y yo tenemos un bebé. Mi nena tiene tres meses de haber nacido."

"Sebastián tiene un bebé contigo? No lo creo." Exclamó sorprendida.

"No tienes que creerlo." Alexandra contestó. "Sebastián anda contigo, conmigo, y con otra mujer que se queda en las noches con él cuando tú no vienes. Él está jugando con los sentimientos de todas."

"Quiero conocer a tu bebé? A donde vives?"

"Vivo en 2051 Sur. 2100 Este." Dijo Alexandra. "El apartamento es 9."

"Iré dentro de quince ó veinte minutos. Voy a esperar que llegue Sebastián."

"Bien," dijo Alexandra, saliendo de la casa después de esto.

No sabía a ciencia cierta porque había dado ese paso, pero estaba hecho. El jueguito de Sebastián había ido demasiado lejos y ahora estaba al descubierto, al menos en los ojos de la mujer China. Él había tenido una niña con ella y le importaba un comino. Seguía comportándose como depravado, no importando la pena y destrucción que dejaba en su paso.

"Gracias, mi dulzura," le dijo a su hijito que se había quedado cuidando de su hermanita mientras fué a casa de Sebastián. "Puedes irte a tu práctica de football."

"Bien, mami."

Franco tenía ocho anos. La escuela donde asistía y jugaba football estaba a unos cuántos metros del edificio donde vivían. El edificio de departamentos no era elegante, pero contaba con lo que necesitaban. Viviendo ahí tenía la conveniencia de la escuela cerca, la lavandería a una cuadra de distancia, el supermercado a dos calles, y la parada de camión en la esquina.

Su bebecita estaba dormida, paseó nerviosamente por la estancia pensando en lo que acontecería. Estaba segura de que la mujer China a esta hora había ya confrontado a Sebastián con sus mentiras. El timbre sonó interrumpiendo sus pensamientos.

"Voy a matarte!" Sebastián entró a grandes pasos tan pronto abrió la puerta dando puñetazos a la pared y en la puerta. "Cómo te has atrevido a decirle a Miko de nosotros, maldita mujer!" Gritó rebuznando, los ojos le brillaban de cólera y la mandíbula estaba tensa de coraje. "Te odio! Nunca te dije que te quería! Porque tenías que meterte en lo que no te importa? Desgraciada víbora hija de la tiznada!"

Estaba echando maldiciones todavía cuando sonó otra vez el timbre.

"Estás aquí Sebastián?" Llamó a grandes voces la mujer China desde la calle.

"Es ella!" Gritó Sebastián empalideciendo. "Dile que no estoy aquí!" Le pidió con ansiedad, casi con miedo metiéndose al baño, y luego sigilosamente escondiéndose atrás de la cortina de la regadera.

Con un sabor horrible en la boca, apenas pudiendo creer lo que había mirado, Alexandra bajó las escaleras para abrir la puerta.

"A dónde está?" Preguntó la mujer China, encorajinada metiéndose en el departamento.

"Allá arriba." Alexandra contestó, sintiéndose desfallecer.

"A dónde?" Preguntó la mujer, viendo que no estaba a la vista.

"Allí." Señaló Alexandra la cortina del baño.

"Qué es lo que estás haciendo aquí? Hijo de perra, cobarde!" Dijo abriendo la cortina de un sopetón y sorprendiendo a Sebastián que escondido atrás de la cortina parecía un ratón asustado.

"No querías que te encontrara eh?" Gritó la mujer apretando los dientes al tiempo que Sebastián salía de la tina asustado como perro castigado. Ya no estaba fúrico. Sus facciones se habían suavizado, y en presencia de la mujer, se veía cohibido y encogido.

No puede realmente estar pasando esto, pensó Alexandra, incrédula por lo que veía.

Su bebecita se había despertado con el griterío, y lloraba desaforadamente. Corrió hasta la recámara a cogerla en brazos. La abrazó tiernamente.

"Shh, mi nenita, shhh," susurró, "todo está   bien, no te preocupes."

Con la niña en sus brazos regresó a la sala parándose entre la puerta que daba a la sala y la cocina. En mitad de la sala Sebastián abrazaba a la mujer.

"Perdóname!" Le rogaba, llorando como niño chiquito. "Te amo. No puedes tratarme de este modo! Te quiero!" Se veía absolutamente sórdido y daba lástima.

"Suéltame! No me toques, cerdo!" La mujer pidió con fuerte vocezota golpeándolo con los puños tratando de empujarlo lejos de ella. "Me quieres, y que haces entonces aquí? Mientras anduviste conmigo hiciste con ella una niña." Le reprendió con desdén, señalando a Alexandra y la niña.

"Ella miente. Esa no es mi niña!" Lloró lastimosamente aún más fuerte, "te quiero!"

"Ella dice que es tu niña." La mujer China persistió.

"No, no es. Está mintiendo!" Insistió. "Y si es mi hija, no la quiero. No significa nada para mí."

"Si tu bebé no significa nada para ti, entonces nada te importa?" Le gritó la mujer con voz más fuerte que antes pegándole continuamente en el pecho.

Sebastián volteó a ver a Alexandra, su cara estaba llena de rencor.

"Te odio, te odio!" Le dijo con coraje casi matándola con la mirada, "porque tuviste que decirle? Nunca te dije que te quería! Te odio! Miko es la única mujer a la que he amado y voy a casarme con ella!" Sus ojos estaban llenos de odio, el tono de su voz había cambiado de súplica a acusación. "Dile que nunca te dije que te quería díselo!" Gritó con destemplado acento.

Alexandra, lo miró desconcertada. Bueno, pensó, porque no se van y me dejan sola? Había visto y oído más de lo que hubiera querido oír y ver.

"Cállate!" Gritó la mujer China, empujándolo esta vez con ambos brazos de un golpetazo que le dio en el pecho enfurecida. "Me quieres, pero no puedes tenerme! Estoy casada y tú lo sabes!"

Esto si no lo esperaba, pensó Alexandra mirándolos atentamente, la única mujer que ha amado es una adúltera y mentirosa tal y como es él.

"Si Miko me deja," se volvió hacia ella, moviendo las manos amenazadoramente, "te voy a matar!"

Alexandra se estremeció. Lo que decía era verdad. Había demasiado odio y agresión en su voz para que mintiera. Alexandra lo sabía.

"Si le haces algo a ella," la mujer dijo silbante, levantando los puños, "te las vas a ver conmigo, y tú lo sabes." Gritó destemplada.

Al oír estas palabras, la expresión de Sebastián cambió instantáneamente de dureza a éxtasis, y con más lágrimas en los ojos musitó a la mujer en voz baja: "te amo, te amo."

La espada había llegado al lienzo. No podía soportar la escena un poco más.

"Váyanse!" Pidió Alexandra, mirándolos de frente. "Váyanse! Cualquier otra cosa que quieran seguir discutiendo háganlo afuera. No quiero más gritos aquí.   Están espantando a mi bebé." Alexandra se detuvo pare tomar aliento.   "En cuanto a ti Sebastián," continuó, "no tienes que venir a matarme. Si le dije a Miko de nuestra relación, fue porque que pensé que me querías y que tu bebé era importante para ti." Se detuvo otra vez, mirando alrededor con desaliento. "Ahora sé que estuve equivocada, que tal como lo has dicho, no significamos nada para ti. Si hubiera sabido cuánto amas a Miko, no hubiera interferido y causadote tanta infelicidad. Siento habértela causado, espero que ella no te deje y que juntos sean felices." Cuando terminó de hablar estaba temblando. Tenía miedo de su odio, y en su boca tenía un horrible sabor amargo.

"Vamonos," le ordenó Miko a Sebastián jalándolo de la mano.

Sebastián no contestó, como perro siguiendo a su dueño la siguió, manso y obediente, limpiándose las últimas lágrimas que tenía en los ojos.

Había sido una suerte que su hijo Franco no estuviera en casa para presenciar la escena, Alexandra pensó, al verlos irse. Si hubiera estado, para él hubiera sido una experiencia aún más traumática de lo que había sido para ella. Caminó de un lado a otro del departamento nerviosa. El miedo que tenía reflejado en la cara era intenso. Quería dejar de pensar, pero las palabras de Sebastián aún le sonaban claras en sus oídos, del mismo modo que las había enunciado: con rencor y odio. Había amenazado con matarla y tenía miedo. Crímenes pasionales se cometían muchas veces por cosas más insignificantes que ésta, y Sebastián parecía perdidamente enamorado de Miko: una mujer casada.

Irma Noriega

96

A media noche lo vio venir. Acababa de levantarse a darle de comer a su bebé cuando con sobresalto miró por la ventana como si lo hubiese presentido, y su corazón se paralizó. Cruzaba la calle, sin importar la tremenda lluvia que caía, acompañado por dos de sus hijos, parecían discutir tratando de convencerlo para que se regresara. Llevaba puesto alrededor del cuello un cinturón del cual colgaba el rifle que sostenía con sus manos mientras caminaba deprisa aproximándose cada vez mas hacia el departamento de Alexandra. Se quitó de la ventana, subiéndose por un lado del fregadero para espiar hacia afuera por una rendijita de la cortina de la cocina teniendo miedo hasta de respirar. Todo estaba oscuro y silencioso con excepción de las voces que sin entenderlas venían desde afuera y de las gotas de lluvia que se estrellaban en el vidrio de la ventana.

Su bebecita comenzó a llorar de hambre, sobresaltándola por un momento. Dejó la ventana y a gatas cogió la leche, arrodillada la calentó en la estufa. Estaba temblando. Sebastián no había mentido. Había venido a matarla. No le importaba en lo más mínimo que fuera la madre de su hija, ó que Franco y su bebecita se quedaran huérfanos.

"Si tan solo no hubiera ido." Se quejó. Era por causa de su falta de tesón que ella y sus hijitos se encontraran en este predicamento.

Al terminar de alimentar a la nena la volvió a su camita, y a gatas otra vez, temerosa de ser descubierta a través de la ventana, regresó a la cocina y espió hacia afuera. Sebastián se encontraba ahora con sus hijos bajo del pino que crecía a unas cuantas yardas de la ventana de la cocina. Podía verlos perfectamente a la luz de la tenue lámpara que iluminaba esa parte de la calle así como también la parte dorada del rifle.

"Qué es lo que está esperando?" Susurró desesperada. "Probablemente verme en la cocina encendiendo la luz y dispararme entonces."

No había dejado de llover y por esta causa Sebastián y sus hijos a estas alturas debían estar ya completamente empapados. La espera era agonizante. Por dos horas mas los observó por el filillo de la ventana, estaba agotada. No se movían y no salían de estar bajo del pino. A las cuatro de la mañana se fueron.

Aparentemente sus hijos lo habían finalmente convencido de desistir. Alexandra se retiró de la ventana sintiéndose sin fuerzas. Su boca estaba seca y su corazón le martillaba adentro con un sólido y doloroso ruido.

"Gracias a Dios estoy salva por ahora, pero mañana.." Cayó sobre la cama, exhausta, cubriendo con las cobijas su tembloroso y frío cuerpo. Cerró los ojos. Todo parecía girar a su alrededor como si viajara en una montaña rusa cayendo a gran velocidad, después pareció flotar hasta que se detuvo.

97

El día de volver al trabajo había llegado. Su permiso de maternidad terminaba. La rutina diaria volvía excepto que ahora tenía otro bebé. No había nada que le causara más angustia que dejar a su pequeñita en manos de una extraña y ver la ansiedad que su ausencia le causaba a su hijito, pero no había otra alternativa, tenía que trabajar para sostenerse. Haciendo a un lado la pena, llevó a la niña con la cuida niños, y de ahí llevó a su niñito a la escuela.

"Llegaré dos horas después de ti a la casa. Tu hermanita está con la señora del departamento 14. La llave de la casa está en el bolsillo de tu pantalón y dentro del refrigerador dejé un sándwich por si te da hambre. No le abras la puerta a nadie mientras no estoy en casa."

"O.K. mami." Contestó Franco. "Te quiero, mami."

"Yo también te quiero." Se besaron y su hijito se echo a correr atravesando el patio de la escuela.

"Hasta mas tarde." Alexandra le gritó.

Su hijito volteó la cabeza para decirle adiós. El corazón le dolía. Haciendo esfuerzos apagó sus sentimientos y con paso seguro se dirigió a la parada del camión. Siendo madre soltera, aun cuando el corazón lo dejaba al lado de sus hijos, frente al mundo tenía que ponerse una coraza para ganar el sustento. En el trabajo era como otra persona. Reía y aparentaba no tener preocupaciones.

"Bienvenida, Alexandra!" Le dijeron todos.

"Cómo está tu bebé?"

"Bien." Contestó deprisa y continuó su camino mirando hacia el piso.

Temía las preguntas. Las preguntas, la forzaban a mentir. Era preferible que la tacharan de pocas palabras, que tener que repetir una y otra vez que se había divorciado, y la telaraña de mentiras que había fabricado para proteger su identidad y su estancia ilegal en el país.

"Franco! Franco! mami ya ha llegado a casa mi querido."

Siempre llegaba corriendo ansiosamente con la espera de encontrarlo bien.

Franco que estaba viendo la televisión en la recámara, levantó sus ojos y una sonrisa enorme cruzó su cara.

"Mami que alegría de verte!"

Vino hacia él corriendo y lo abrazó besándolo.

"Ven." Dijo más calmada ya.   "Vamos a recoger a tu hermanita."

Cogidos de la mano fueron al departamento catorce.   El corazón le latía presuroso. No podría estar en calma hasta no tener a su pequeñita en sus brazos otra vez y asegurarse de que sus dos hijos estaban bien tal y como los había dejado al partir por la mañana.

La cuida niños abrió la puerta y Alexandra con voz temblorosa preguntó.

"Cómo está? Está bien? Comió? Lloró?"

"Está bien. No se preocupe." Rió la cuida niños. "Aquí está." Apuntó en dirección del sofá donde su pequeñita estaba durmiendo.

Alexandra la cargó en brazos tiernamente, respirando por fin, totalmente en paz. De regreso a casa había encontrado a sus dos pequeñitos con bien, gracias a Dios.

98

"Alexandra, quieres venir a mi oficina un segundo?"

Alexandra volteó la cabeza. Era la señora Ross. La que estaba de supervisora esa tarde.

"Claro." Dijo, levantándose, siguiendo a la señora Ross adentro de su oficina.

"Tienes enemigos?" Comenzó, mirándola directamente a los ojos.

"Ninguno que yo sepa," contestó cautelosa no sabiendo la razón de la pregunta. "Porqué?"

"Conoces a Sebastián Makowski?"

Alexandra asintió.

"Es tu amigo?" Preguntó la señora Ross.

"Es el papá de mi nena."

La señora Ross jugó nerviosamente con el lápiz que tenía en la mano. "Llamó ayer en la noche para decir que estás ilegal en el país. Sabes porqué dijo algo así?"

Alexandra sintió que el color se le quito de la cara.

"No." Contestó brevemente, sintiendo un agudo vació en la boca del estomago.

La señora Ross la miró directamente a los ojos, "creo que quiere causarte daño. Ten cuidado." Dijo.

Sebastián era capaz de cualquier cosa. Aun de generosamente exponerla como lo había hecho, para que la despidieran y deportaran. Alexandra miró a la señora Ross fijamente—tenía como sesenta y tantos anos, era afro-americana. Pronto se retiraría. A Alexandra le caía bien. La señora Ross tenía fama de ser buena y comprensiva. Alexandra se mordió los labios nerviosamente. Era lógico de pensar que la señora Ross había figurado la verdad de las cosas. La cuestión era—si ella iba a echarla de cabeza? Tengo que aparentar calma, necesito el trabajo, pensó.

"No tenía idea de que algo así había pasado. Tendré cuidado."

"Te llamé para prevenirte. Puede ser peligroso."

"Si," Alexandra contestó rápidamente no queriendo poner mucho énfasis en el tema. "Gracias por dejarme saber."

Temblando regresó a su escritorio. Trabajó como loca el resto del día. Al final de la jornada, fué a ver a Sebastián a su oficina. Llegó a las cinco y media justo a tiempo antes de que cerraran. En tres grandes zancadas atravesó la sala de recepción, empujando la puerta entro a la oficina.

"Como te has atrevido a llamar a mi trabajo para denunciarme." Le recriminó Alexandra. "Solamente alguien sin ningún escrúpulo y lleno de odio puede hacer algo semejante. Si me corren tienes algo de que enorgullecerte por el resto de tu existencia."

Sebastián que se encontraba sentado atrás de su escritorio, se puso en pie empalidecido al momento que Alexandra entró en la oficina.

"No sé porque me odias," continuó Alexandra, "te di mi confianza y me traicionaste, te di mi amor y me pisoteaste, tuve una hija tuya y no te importa. Si no me ayudas no me hagas daño. No solamente yo me voy a pique, mis hijos se van conmigo. Vine a agradecerte lo que has hecho por mí y por mis hijos. Es increíble!" Las lágrimas le corrían por las mejillas. No le dio tiempo de contestar, se dio vuelta y salió de la oficina como perseguida por mil demonios y lloró todo el camino de regreso a casa.

99

Alexandra se despertó alarmada, se frotó los ojos y miró el reloj. Eran la dos y media. No puede ser! Pensó, levantándose y viendo que era Sebastián.

"Qué quieres?" Preguntó secamente por la ventana. "Vienes a matarme?"

"Abre." Ordenó Sebastián mirando hacia otro lado.

"No voy a abrir la puerta." Afirmó Alexandra.

"Tú no me quieres, que no te acuerdas?" Dijo sardónica. "Eso fue lo que dijiste la última vez que estuviste aquí. Dijiste que tu hijita no es tuya. Llamaste a mi trabajo para lograr que me corrieran. Qué no te acuerdas?"

"Abre." Insistió necio.

"Para qué?" Le preguntó con desdén. "Para entretenerte por un rato y me conduzcas luego a que me deporten?"

"Baja y abre la puerta. Quiero hablar contigo."

"Tú quieres hablarme, pero yo a ti no. Quiero que te vayas antes de que despiertes a todos los vecinos."

"No voy a irme hasta que me abras la puerta." Continuó gritando con tono impertinente.

"Por favor! Cállate." Le pidió con consternación. "No estoy en mi casa, estoy rentando."

Sus gritos surtieron efecto, porque Alexandra, temiendo que los vecinos llamaran a la policía y que esto condujera a que la deportaran, bajó la escalera y le abrió la puerta.

Sebastián no tuvo que acercarse mucho a ella para darse cuenta de que había estado tomando. El olor que despedía su cuerpo era de alcohol. Ahora que? Pensó con irritación. "Qué es lo que quieres decirme?" Preguntó en voz alta fríamente.

Sebastián extendió sus brazos hacia ella jalándola junto a él y mirándola suplicante.

"Oh no, no, no otra vez. Vete! No puedes quedarte!" Se echó hacia atrás como gato herido, sabiendo que tan pronto cometiera el error de caer en sus brazos, al darse la vuelta él iría a los brazos de Miko.

Pero Sebastián no se movió.

"Sebastián, te pido que te vayas. Qué no entiendes? Ya te has burlado lo suficiente de mí, insultado bastante, y aun atrevido a poner mi trabajo en riesgo. No tengo ganas de hablar contigo ahora. Hablemos mañana." Lo empujó suavemente hasta la puerta, y después firmemente hasta que cerró la puerta casi en su cara.

Volvió a la estancia deprisa y se sentó en el sofá con alivio, cerrando los ojos.

100

Fue pura casualidad, de otra manera Alexandra no podía explicar haber encontrado a Sebastián en la tienda al día siguiente cogido de la mano con Miko. Cuando los vió detuvo el paso para obsérvalos. Sebastián parecía hechizado. En ese instante detenía su paso para besarla y cuchichearle algo en el oído de Miko causándole risitas. Desde donde los miraba, Alexandra podía distintamente ver como el pecho de Sebastián se inflaba con la emoción, y cuán segura Miko se sentía de la fascinación que ejercía sobre Sebastián. Flaca y alta, Miko caminaba al lado de Sebastián ágilmente, como si fuera una guerrera a punto de ataque. A unos cuantos pasos atrás de ellos la mamá de Sebastián caminaba con arrogancia mirando los comestibles. Tenía una sonrisita en su enemistosa cara, y caminaba moviendo la cabeza como pavo real, evidentemente orgullosa de estar comprando comestibles al lado de su hijo y de su nuera.

"Qué grotescamente gracioso!" Se dijo al mirarlos, "Sebastián ha presentado a su mamá a una adúltera como su prometida, pero nunca me la ha presentado a mí."

"Eso nunca va a suceder," Sebastián le había dicho repetidas veces, "nosotros pertenecemos a una familia tradicionalmente blanca, nunca podríamos aceptar a un negro en nuestra familia."

Había enunciado esto con excesiva vanidad, jactándose de la distinguida y privilegiada posición social que ocupaba en la comunidad por el hecho de que era blanco. Como si fuera el color de la piel, y no la aplicación de principios morales, lo que invistiera al ser humano con valor, calidad humana, y dignidad. Había sido un insulto mayor para ella, pero rectificó, habían habido mayores insultos que él le había proporcionado, como las barbáricas crueldades que había dicho acerca de su hijo Franco, y acerca de su hijita, cuando la había negado.

Alexandra se aproximó a ellos con la intención de que Sebastián la viera. Cuándo se encontró a una corta distancia de ellos se detuvo. Sebastián volteó distraído y se la quedó viendo. Como ratero cachado en el acto, Sebastián empalideció, y Alexandra mirándolo fijamente en los ojos, lo miró con lástima, con un reproche impronunciable, como si le estuviera escrutinando el alma por todas esas cosas que él hacía que era intolerables y fuera de cordura. En ese instante la sonrisita que llevaba en la cara la madre de Sebastián desapareció, reemplazada con una mueca de indignación, mientras un como endiablado espanto distorsionaba la expresión enamorada de Miko.

"Lárgate de aquí hija de la tiznada!" Gritó la mamá de Sebastián, caminando hacia ella moviendo las manos con furia amenazadora. "Deja a mi hijo en paz y llévate a tu bastardo hijo negro y a tu ilegítima hija lejos de nosotros! No los queremos! Sebastián nunca se va a casar contigo! Largo, largo de aquí!"

Alexandra se ruborizó alejándose de ellos lentamente, mirando a Sebastián y a Miko con una ansiosa y casi mórbida mirada mientras los dos se perdían por los pasillos confusos y nerviosos volteando sus cabezas para verla. Todavía observándolos Alexandra retrocedió ignorando los comentarios de la madre de Sebastián, quién le echaba todavía por los ojos rayos de disgusto y odio, hasta que por fin llegó a la puerta y se echó a correr hasta su casa. Los nervios los tenía de punta. Entre más analizaba las circunstancias, más se daba cuenta de que Miko y Sebastián estaban cortados por la misma tijera. Los dos carecían escrúpulos y poseían el mismo propósito: el de gratificar sus más bajos y odiosos deseos no importando a quién herían en el proceso.

101

Al llegar la noche Sebastián vino a buscarla a su casa, no tenía vergüenza, se presentaba sin tener siquiera una pizca de pena, como que si lo que había hecho fuera algo gracioso lo cual ella tuviera que aplaudirlo y congratularlo. Alexandra se cubrió la cara con las manos en un gesto de desesperación y se lo quedó viendo incrédula, no entendiendo la profundidad de su cinismo. Se había jurado no abrir la puerta, sin embargo, al verlo, una vez más sus debates y juicios se acallaron en callada sumisión. Como hipnotizada, abrió la puerta avergonzada. Sus pensamientos corriendo adentro con locura, agitada a la vez por su debilidad y lo incapaz que era de hacer lo que se había propuesto. Se sentía miserable. Sebastián convertía el amor que sentía por él en algo degradante y oscuro, en lugar de que fuera simple, puro, abierto, y digno.

Cuando abrió la puerta los ojos de Sebastián brillaron con vanidad y triunfo sabiendo que la tenía en sus manos otra vez. Alexandra quiso gritar y llorar torturada al mismo tiempo por su presencia y por su malicia. Con él había descendido a las profundidades más grandes del infierno... y por esto lo odiaba con todas las fuerzas de su ser.

"Eres un degenerado!" Lo acusó.

"Si no te gusta lo que hago, no soy responsable," dijo cínicamente levantando los hombros con indiferencia. "Cada persona es responsable por lo que se permite a sí misma sentir."

Irma Noriega

102

Tres días sin oír de Sebastián ni verlo. Su comportamiento no era inusual, pero la mantenía en una guerra de nervios sin que pudiera evitarlo. Tratándolo era siempre como estar en medio de una batalla esperando ser atacada sin imaginar por donde llegarían las balas. Había estado viendo televisión cuando de repente le vino la idea. Es por esto que había estacionado su carro enfrente de la casa de Sebastián esperando que llegara. No tenía estacionada más de unos minutos cuando Sebastián llegó y se estacionó en el garaje. No venía solo. La mujer que venía con él era Mary. Entrelazándola por la cintura se dirigió con ella a la parte trasera de la casa.

Alexandra saltó del carro junto y los siguió a largos pasos. No le causaba sorpresa. Sebastián estaba viviendo del modo que él considera era el mejor modo de vivir—probando pequeños bocadillos del gourmet que se le presentaba enfrente.

"Oh, no!" Dijo Sebastián cuando se percató de ella. Jaló a la mujer de la mano apresurándose a meterse en la casa y justo a tiempo para cerrar la puerta en la cara de Alexandra..

"Abre Sebastián!" Alexandra gritó dando puñetazos en la puerta, "dile a esa mujer que no tienes vergüenza! Dile que tienes una hija conmigo, y que cuando ella no se queda contigo, pasas la noche con Miko. Dile!"

"Quién es esa mujer?" Alexandra oyó a Mary indignada preguntarle a Sebastián mientras golpeaba la puerta.

"Es una mujer loca que vive en el vecindario. Cree que tiene una niña conmigo," Sebastián le explicó. "Ignórala. Siempre viene a tocar la puerta, y cuando se cansa—se va," concluyó Sebastián riéndose y llevándose a la mujer de la mano hacia otro cuarto.

Alexandra golpeó la puerta aún más fuerte pero el estruendoso ruido de la música que de súbito salía de adentro de la casa apagó sus toquidos y sus gritos.

"Cobarde! Cobarde!"

103

"Lo que sentimos el uno por el otro es fuerte. Nada puede destruir el lazo que nos une. Te quiero. Lo que siento por ti no lo he sentido con nadie." Dijo.

Alexandra tenía a Sebastián frente a ella. La noche anterior la había traicionado con otra, y ahora otra vez tenía las agallas de venir. Bueno, no es que creyera en sus palabras—Carly lo quería. Las palabras de Sebastián ahora que se había apagado la flama, para ella eran como oír ruido.

Por supuesto, que tenía la idea de un amor como el de Cenicienta, del romance único, pero después de ocho años de esperar en vano por una relación firme, Sebastián lo había echado a perder todo—cuando a ella le había ido mal, cuando había necesitado que la ayudara, Sebastián había dejado de visitarla durante meses pretendiendo estar enojado, ó simplemente se había lavado las manos como si no tuviera nada que ver con sus problemas. Alexandra se hizo a un lado para dejarlo entrar. "Necesito hablarte." Le dijo.

Sebastián pasó y se sentó en el sofá.

"Es un bonito día, no crees?"

"Sebastián, necesito que me ayudes a arreglar mis papeles de migración. Sin ellos mi situación en este país es muy instable." Se detuvo para mirarle. "No puedo vivir en paz cuando constantemente me preocupa, que alguien vaya a descubrirme y que me deporten. Puedes ayudarme?"

Un velo de dureza cubrió los ojos de Sebastián, volviéndolos opacos.

"Tú tenías esos problemas antes de que te conociera," emitió con su acostumbrada insolencia cerrando los puños, "no voy a ser yo quién te los resuelva."

Alexandra se mordió los labios. No tenía que tener mucha inteligencia para darse cuenta que lo que él sentía por ella no era amor. Desvió los ojos a propósito para no mirarlo. El no sabía que grotesco, y que inmensamente inatractivo se había tornado a sus ojos.

Sebastián caminó con arrogancia hacia el refrigerador, extrajo una lata de refresco, y comenzó a beberla. Él estaba tan acostumbrado a actuar sin ninguna cortesía que no tenía tacto para notar que su actitud era poco común.

A pesar de lo que pensaba, no emitió una palabra más. Su respuesta carente de amor le recordaba plenamente el lugar que ella y sus hijos ocupaban en su vida. Todo lo que le importaba a Sebastián era proteger su independencia y su pellejo, y para lograrlo tenía que permanecer frío, sin involucrarse y sin sentir cariño, aún cuando los implicados y heridos fueran los más cercanos a él. Nunca la había ayudado con dinero para mantener a la niña. Él sabía que Alexandra tenía trabajo, y quizá el hecho de que ella trabajara lo hacía pensar que estaba exento de responsabilidad, ó quizá, esta era simplemente otra manera inhumana y cruel que había tomado para demostrarle que para él ellos carecían de importancia.

"Me voy," le dijo yendo hacia la puerta.

El sonido de la puerta al cerrarse atrás de él produjo un seco y extraño ruido. No importaba de que forma lo mirara, Alexandra no podía encontrar ninguna excusa que justificara su conducta. Era el vivo retrato de una mente innoble y egoísta.

LA PROCLAMACION

No supo como, pero lo que pasó dos meses después a finales de Octubre de 1986, fue un milagro. Inesperadamente, el Presidente Ronald Reagan, proclamó a la Nación la aprobación de la ley de Amnistía la cual permitía a los emigrantes ilegales en el país legalizar su estadía. Fue un día de fiesta y alegría. Fue como si la providencia de Dios hubiera venido a su ayuda para librar a todos los que, como ella, habían estado anónimos en el país por tanto tiempo. Al fin, no habría necesidad de esconderse, no más necesidad de decir mentiras, no más temor de ser descubierta y deportada.

Alexandra caminó por su casa alegremente mirando hacia la brillante luz del horizonte. Cuántos más al mismo tiempo que ella celebraban en fiesta la visión de un mensajero de paz—del Presidente Reagan, y el hecho de que ya no tenían que pasar más tiempo en las pequeñas jaulas en que por necesidad habían vivido al haber venido a los Estados Unidos como residentes para labrarse una mejor vida.

Una nueva esperanza había comenzado para los nuevos residentes legales, así como también, un nuevo levantamiento de discriminación. Las compañías de empleo se habían vuelto más cautelosas y reservadas en emplear a los extranjeros, redoblando sus esfuerzos para mantener las personas que ya habían empleado, en trabajos manuales, y eliminando las oportunidades de promoción.

En los Americanos, la nueva ley había aumentado su resentimiento y enemistad hacia los emigrantes, quiénes aún eran percibidos como los mismos intrusos a los cuales la ley les había ahora otorgado derechos. La razón del resentimiento era quizá que erróneamente se habían olvidado de que América despertaba todavía en la gente la misma esperanza que condujo a los primeros colonizadores a través del océano—los cuales percibieron a América como un centro inextinguible de riqueza, fortuna, oportunidad y prosperidad.

105

Supo de la oferta de trabajo en el departamento de Mercadotecnia al verlo anunciado en la pizarra. Justo lo que estaba esperando, pensó, y sonriendo se dirigió a buscar por su supervisor. Trabajando como residente ilegal cualquier trabajo había bastado. Pero ahora, que tenía derecho de trabajar, sus opciones eran mayores.

Su supervisor estaba revisando unos papeles que tenía sobre el escritorio al momento que entró en su oficina con decisivo paso.

"Siento molestarle," dijo Alexandra, "puedo pasar?"

Levantó la cabeza sorprendido. No era usual tener uno de los empleados hablar con el supervisor cuando no había llegado el tiempo de la evaluación mensual de trabajo que se daba a todos los empleados para mantenerlos en estricta adherencia con lo requerido.

"Acabo de leer el memo que anunció la oferta de trabajo en el departamento de Mercadotecnia. Quiero ser considerada para esa posición."

Su supervisor parpadeó varias veces depositando nerviosamente sobre el escritorio los papeles que tenía en la mano.

"No puedes ser considerada." Contestó extremadamente agitado. "No cuentas con los requisitos."

"Porqué no?" Alexandra le preguntó. "Creí que todas las ofertas de trabajo están abiertas para cualquier persona que llene los requisitos del trabajo. Como sabe Ud. que no cuento con los requisitos."

"No calificas a causa de tu acento." Contestó acertadamente.

Alexandra se sonrojó sintiendo una furia súbita. "Podía decirme que tiene que ver el acento de una persona con su inteligencia?" Dijo sin poder contenerse. "Me está acaso diciendo que porque tengo acento al hablar, eso me impide funcionar

289

socialmente como una persona inteligente y normal, y que es además el tener acento me descalifica aunque cuente con los requisitos?"

"Lo que estoy diciendo," dijo poniéndose color violeta, "es que no puedo considerarte para la posición porque el trabajo requerido en esa posición es muy difícil, y con tu acento te sería muy difícil para ti desempeñarlo. Además de que eres una persona muy callada."

"Cómo sabe Ud. que el trabajo será muy pesado para mí si Ud. no me da la oportunidad de desempeñarlo?" Lo miró de frente continuando, "además podría decirme, que tiene que ver el ser callada con la inteligencia y el modo en que una persona desempeña su trabajo?" Sentía un enojo horrible. "Como supervisor en esta compañía Ud. debía tener un poquito de visión y tacto que el de juzgar la inteligencia de una persona por el acento que tienen al hablar, por su nacionalidad, por la forma que visten, ó porque son callados ó no. Creí que todas las ofertas de trabajo estaban abiertas para cualquier persona que cuente con los requisitos sin importar su acento, color, ó de donde provienen, pero ahora, me doy cuenta de que estaba equivocada. Ud. me ha desposeído de todos los derechos de pasar la prueba y quitado del proceso de selección por el hecho de que hablo con acento, y pienso que esto que hace Ud. no es legal." Se detuvo y lo miró, luego continuó. "Déjeme decirle una cosa," lo señaló con su dedo índice. "Voy a hacer averiguaciones. Voy a ir a la Unión de trabajadores en este mismo momento a poner mi queja de discriminación y después lo haré con la Comisión Industrial. Algo está muy mal aquí."

"No te dije eso," el supervisor replicó nerviosísmo limpiándose la capa de sudor que repentinamente había cubierto su cara. "Lo estás interpretando todo mal! Hablas tan mal Inglés que estás mal interpretando todo lo que te dije. Pienso que tú no entiendes nada de lo que yo estoy diciendo. Necesitas tomar unas cuantas clases de Inglés para que mejores tu comprensión, tu modo de hablar y tu gramática."

"He estado trabajando para esta compañía por diez años y nunca había tenido problemas de comunicación. En cuanto a tomar unas cuántas clases de Inglés, todos necesitamos tomarlas. Todas las personas necesitamos mejorar en el modo de hablar Inglés, no cree Ud?"

Salió de la oficina enfurecida. Estaba temblando y le dolía terriblemente la cabeza. Estaba harta de oír comentarios insultantes, y de conocer a gente como su supervisor. Pero esta vez, no iba a quedarse callada oyendo injusticia cruzada de brazos.

Tan pronto terminó su jornada, se dirigió a la Unión de Trabajadores.

"Vine a hacer un reporte de discriminación en contra de la compañía Enterprises 2000."

El presidente de la Unión levantó las cejas intrigado mirándola con interés. Era un hombre bajito de brillantes ojos azules y bigote negro. Sus movimientos eran rápidos, tenía como cuarenta años, su apariencia general era como de campesino.

"Qué sucedió?" Preguntó con curiosidad.

"Solicité una promoción de trabajo, y mi supervisor me la negó a razón de que tengo acento y soy muy callada."

El hombrecito se frotó la barba nerviosamente.

"Escribe tu queja en estas hojas, y las archivaremos," dijo pasándole las hojas que debía llenar con una pluma. Enseguida, sin dejar de mirarla le preguntó. "Por cual trabajo aplicaste?"

"Solicité un trabajo en el departamento de Mercadotecnia."

El hombrecillo se frotó la barba otra vez. "Si es trabajo de administración, la compañía puede escoger a quién quiere, no podemos hacer nada. La Unión no se mete en trabajos de administración, solo representamos a los jornaleros."

Alexandra lo miró sin parpadear. "La compañía puede escoger a quién quiera quizá, pero pienso que la compañía no tiene derecho a negarme la oportunidad de tomar la prueba porque tengo acento. Además, si ellos eligen a quién quieren para la posición, para que la anunciaron pidiendo a los que estuvieran interesados presentar su petición para ser considerados?"

"Ve a quejarte a la Comisión de Trabajadores si quieres."

"Sí, eso voy a hacer," contestó Alexandra levantándose. "Quería venir aquí primero. Gracias por dejarme saber que Uds. no puede resolver este problema. Pienso que he sufrido una injusticia y voy a darlo a conocer."

El presidente de la Unión no dijo otra palabra. Se alejó de ella como no dándole importancia más al asunto, y se detuvo para hablar con otra persona que estaba en la oficina. Era evidente que aquí también había algo turbio, pensó. Las tarifas de membresía que había estado pagando por tanto tiempo de nada le había servido, ahora que necesitaba los servicios de la Unión para defenderla en sus derechos de trabajadora le decían que no podían hacer nada. No le importaba. Se había decidido a quejarse con la Comisión Industrial, al día siguiente, y así lo hizo.

106

Después de levantar la denuncia, las cosas en el trabajo cambiaron. Los rumores cundieron por la oficina. Podía notarlo desde que entró al día siguiente por las miradas enemistosas que le lanzaban los managers así como también por los cuchicheos a sus espaldas. De la noche a la mañana "la callada," se había convertido para la compañía en su mayor amenaza.

Ignorando miradas y cuchicheos, se sentó dispuesta a comenzar su trabajo.

"Enterprises 2000, habla Alexandra en que puedo ayudarle?" Acababa de decir cuando su supervisor llegando intempestivo detrás de ella interrumpió la comunicación.

"Ven a mi oficina, necesito hablarte." El supervisor reflejaba una rabia sórdida en la cara, y sus modales eran rápidos y bruscos.

Alexandra se levantó sorprendida y le siguió.

"Toma asiento." Le dijo de mal modo jalando una silla para que ella se sentara. La jaló tan violentamente que la silla cayó al suelo. "GE's!" Emitió, levantándola. "Siéntate." Dijo, sentándose detrás de su escritorio al tiempo que decía, "debido a la seriedad de tu queja en contra de la compañía, tú y yo necesitamos mantener esto en la mayor confidencia. De hoy en adelante, tú no puedes ver tu archivo por razones obvias. Nos hemos vuelto enemigos, es solamente por medio de licenciados que estaremos hablando de tu expediente de empleo. Está claro?"

Alexandra lo miró impasible. Estaba pálido y podía a duras penas contener su odio. "Si," contestó Alexandra.

"Es mejor que entiendas," le advirtió, "recuerda que aun trabajas para la compañía." Se levantó mirándola como si fuera una pequeña migaja en el suelo. "Es todo lo que quería decirte. Puedes regresar a tu puesto por ahora. Acuérdate de no mencionarle nada a nadie." Enunció con dureza, alejándose.

Alexandra pasó el resto del día en un estado de agitación constante. Había mucho trabajo, tantas llamadas que apenas si había tiempo de respirar entre llamadas. Tuvo la impresión mientras trabajaba de ser observada, y de que su línea telefónica estaba siendo escuchada y grabada.

107

Necesitaba el trabajo, es por eso que seguía yendo, pero era un suplicio, sentía la hostilidad desde el momento que llegaba.

"Repórtate en mi oficina." Llamó el supervisor por el interfono.

Solo tenía unos minutos de haber llegado. Terminó con la llamada, y tratando mostrar calma entró en la oficina.

"Tu trabajo es pésimo," le dijo tan pronto se sentó, "te he estado escuchando otra vez, y la verdad, no creo que vas a poder continuar trabajando en este trabajo. No haces nada bien, no sigues ninguna de las instrucciones que tienes para hacer un buen trabajo. No les das ni siquiera gracias a los clientes."

"No es verdad!" Alexandra lo interrumpió, ofendida por las mentiras.

"No, no se las das!" Gritó irritado obviamente porque ella había hablado, "tus llamadas son pésimas todo el tiempo. Esta evaluación te mantiene otra vez en un nivel de trabajo completamente insatisfactorio." La miró con desprecio y después continuó con el mismo despótico tono, "no puedes continuar aquí si no mejoras," le sentenció, "tienes el fin de semana para pensar que quieres hacer, si quieres continuar trabajando con la compañía, ó si quieres hacer otra cosa. Este trabajo no es fácil, no es para todos." Cruzó los brazos, empujó sus anteojos sobre sus ojos, y se frotó la nariz varias veces. "Entendiste?"

Alexandra lo miró con vaciedad en los ojos, dándose perfecta cuenta de lo que intentaba hacer, y de lo que la compañía quería que sucediera. Después de que había hecho su denuncia, su supervisor había hecho una rutina llamarla en su oficina dos y tres veces por semana para evaluar su trabajo, decirle que la había estado escuchando, y que su trabajo era pésimo, inferior a ninguno otro, é ineficiente.

Están elaborando mal reportes en mi contra, Alexandra pensó. De este modo, cuando la compañía presente su defensa en la Corte para justificar mi queja de discriminación, ellos tendrán documentado que mi rechazo para promoción no fue debido a discriminación sino a ineptitud.

"Entiendo," contestó.

"Bien," sonrió complacido de que su misión se había de momento completado. "Es todo por ahora. A propósito," añadió, levantándose al tiempo que ella salía de su oficina, "aquí está tu primera notificación de desempleo para que entiendas la severidad en la que te encuentras. Este es un ambiente muy estricto, como te lo dije. Ó te ajustas a lo que se requiere de ti, haces lo que te pedimos hacer, ó no puedes continuar trabajando aquí."

Alexandra cogió la notificación de desempleo y regresó a su escritorio, desolada. La campaña para eliminarla de su trabajo había comenzado y no iba a cesar sino hasta que la echaran para afuera. Los métodos que habían seleccionado para hacerlo eran el decirle diariamente que su capacidad como trabajadora poseía severas limitaciones. Dándole mal reportes, les daría la excusa que necesitaban para echarla.

"La opresión nace cuando no hay igualdad, justicia ó libertad para ejercitar derechos humanos." Alexandra se había atrevido a decirles. "Juzgar la habilidad de una persona por medio del acento, viola toda justicia. He protestado por lo que considero una injusticia, no solo para mí, sino para todos aquellos que han sido negados avance personal al asignársenos un sino de ineptitud a causa de nuestro acento y origen racial."

Pero el hacerlo había sido mas que una afrenta. Había producido la compaña que estaba ya en popa para eliminarla.

108

"Detén lo que estás haciendo y ven a mi oficina." El supervisor le pidió parándose a sus espaldas a la mañana siguiente.

Detuvo lo que hacía, se levantó y lo siguió en silencio. Eran las ocho de la mañana. Había trabajado por dos horas. Los encuentros en su oficina tenían ya de llevarse a cabo varios meses. Ya imaginaba lo que se le esperaba—iba a recibir una porción de epítetos cuidadosamente seleccionados para producirle sensaciones inconfortables y agobiantes.

Bueno esta vez, el supervisor no entró en su oficina; continuó su camino a través de corredores y estancias hasta llegar al otro lado del edificio.

"Aquí," dijo despóticamente entrando al cuarto donde tenían reuniones los miembros de la Unión.

Entró silenciosamente. El supervisor tomando asiento en la cabecera de la mesa donde ya estaban reunidos tres miembros de la unión, comenzó, "estos son miembros de la Unión, hemos estado reuniéndonos con ellos de cuando en cuando para discutir tu caso. Esta mañana les hemos pedido escucharte, y todos han estado acuerdo en tu evaluación. Tu trabajo no es satisfactorio. El servicio que das a los clientes no es lo que la compañía espera. Quedas suspendida por tres días para que recapacites y entiendas la severidad de tu posición dentro de la compañía. Aparentemente no has entendido."

"Entiendo perfectamente bien," Alexandra exclamó, perdiendo compostura. "Lo que quiere Ud. es correrme. Si realmente estoy haciendo el trabajo pésimo que me dice, me mandaría a recibir entrenamiento adicional en lugar de mandarme a mi casa. Que voy a hacer en mi casa, aprender?" Preguntó sarcásticamente. "Por supuesto, que no! Pare el juego y las amenazas y córrame de una vez."

"No sé de que hablas, pero no importa." Contestó rascándose la nariz. "Pero como he dicho tienes hasta el Lunes para pensar en lo que piensas hacer. El Lunes que regreses, vamos a evaluar tu trabajo otra vez. Recuerda lo que he dicho, tienes que mejorar." Se levantó, vino hacia ella con un papel en la mano. "Esta es tu segunda advertencia para correrte. Es todo lo que tenía que decirte. Ellos están aquí como testigos. Así que, recoge tus cosas y vete. No trates de venir antes del Lunes, porque el agente de seguridad no te dejará entrar.

Tomó el papel con mano temblorosa y caminó de regreso a su oficina. Ningún cheque por la cantidad que fuera podía compensar la injuria de ser extorsionado. La libertad es para cualquier individuo la necesidad más primordial para producir, crear, vivir en armonía. El cuerpo pude ser esclavizado pero nunca el alma. Pensó.

DESEMPLEO

"Renuncié."

"Qué!?" Sebastián estaba enfurecido. "Porqué hiciste algo tan estúpido?"

"Renuncié eso es todo," Alexandra dijo simple. "No podía resistir la persecución un minuto más. La sola idea de tener diez gentes escuchando en mi línea telefónica el Lunes. Es algo más de lo que puedo aguantar. No lo resisto, aun la persona más apta no puede operar con tanta presión, amenaza, y tortura."

Sebastián la miró con irritación.

"Me lleva la fregada!" Blasfemó saliéndose del carro, azotó la puerta con disgusto, y comenzó a caminar alejándose de ella. "Arréglatelas sola!"

Habían estado platicando adentro del carro mientras esperaban que Carly terminara su clase de ballet cuando ella había decidido notificarle. Su brusca reacción la había dejado tan sorprendida que no tuvo tiempo de responderle. Le miró alejarse por el espejo retrovisor con mirada vacía hasta que desapareció de su vista. Había probablemente imaginado que no teniendo trabajo, iba a comenzar a pedirle dinero, y él había tomado la mejor salida para él. Una lágrima brilló en sus ojos.

"Me alegra que se haya ido." Se dijo.

La última cosa que quería en este instante era tener cerca al hombre que aun en los momentos más deplorables de su vida la había dejado sola. Lo único que en este momento deseaba era estar sola y borrar de su mente toda pena.

Irma Noriega

110

"Lo siento. Tu petición para recibir compensación de desempleo fue rechazada." Le dijo la empleada en la agencia. "La compañía no te corrió. Tú renunciaste. Eso te descalifica para recibir remuneración de desempleo."

Se quedó viendo a la empleada atónita. Su cabeza parecía darle vueltas envuelta en impotente desesperación. Todas las horas que había pasado en las entrevistas, todas las formas que había llenado solicitando compensación de desempleo—habían sido en vano. No podía ser mas claro, la compañía para la cuál había trabajado por tantos años, continuaría haciendo todo lo que fuera posible por hacerle la vida miserable.

Dejó la oficina de desempleo como enloquecida, todavía no creyendo lo que había escuchado.

El poder es un arma peligrosa en manos de gente racista é ignorante, pensó mientras manejaba sin rumbo. El elefante había por fin atrapado al ratón. Las practicas corruptas que Enterprises 2000 infligía como reglas de trabajo y el tormento al que la habían sometido al establecimiento social le valían gorro. Estaba sin duda donde la compañía quería que estuviera, por haberse atrevido a protestar por lo que consideraba una violación a sus derechos humanos cuando le habían asignado el ser inepta y asumido tener un deficiente coeficiente mental a causa de su origen racial. Era deprimente darse cuenta que a aun cuando la esclavitud había terminado hacía bastante, todavía había gente que la practicaba diariamente. La persecución planeada magistralmente en su contra había triunfado—se encontraba sin trabajo y sin dinero.

Irma Noriega

111

Le molestaba pedirle a Sebastián lo que él tendría que proveer sin necesidad de que ella se lo pidiera, pero Sebastián se mantenía ajeno, venía y se iba como si fuera solamente un vecino que de casualidad se había detenido en su paso para saludarla. Proveer pan caliente, pollo asado, ó sopa caliente en su mesa no era de su incumbencia—el los comía a diario en el restaurante Red Lobster.

"Sebastián, no me gusta pedirte dinero, pero no tengo dinero para comprar comida."

"Humh, déjame ver," dijo sacando un billete de diez y dos de a cinco de su cartera, "estos veinte dólares son los únicos que tengo para gastos del mes. Si te doy los cinco dólares que necesitas, me quedo con quince," Sebastián dijo mirando fijamente los billetes. Realmente estaba pensativo y parecía estar confrontando el mayor de los dilemas. "Bueno," dijo por fin, "creo que le puedo pedir prestado a mi mamá hasta que me paguen al fin del mes. No voy a tener para comprar mi lunche hasta que ella me preste, pero bueno, está bien. Toma." Dijo al fin dándole el billete de cinco.

A Sebastián no le gustaba gastar dinero. Las pocas ocasiones cuando se lo había pedido, sacaba los centavos de su bolsillo con dificultad, como si pesaran toneladas, y su mano estuviera experimentando un dolor inmenso por el peso, luego, como ahora había pasado, se los daba no queriendo, lamentando siempre, lo precario de su situación monetaria y la deficiencia que los dólares que le daba le causarían.

"Gracias." Dijo Alexandra.

Irma Noriega

112

El sol más brillante anunció el nuevo día en la ciudad de Salt Lake City. Carly su hijita brincó de su cama entusiasmadísima.

"Hoy es el carnaval en la escuela," gritó, "ya no aguanto las ganas de que llegue la hora de que empieze."

"Sí, lo recuerdo," Alexandra dijo.

"Le pedí a mi papá que nos encontrara allí. Espero que no se le olvide." Carly dijo.

"No se olvidara" respondió Alexandra, ella no quería verlo, pero...

"Oh, mami ya no aguanto la hora de ir. Va a ser tan divertido! Te veo en un rato allá mami."

Alexandra sonrió. Podía hacer cualquier cosa por su hijita. La quería enormemente. La besó al salir, y más tarde, tal y como Carly había planeado se encontró con Sebastián en el carnaval.

"Sebastián," Alexandra le dijo irritada en cuanto lo vio, "no has pagado por las clases de baile de Carly. Estas atrasado con ciento catorce dólares, además de deberle a Elena por las clases pasadas. Tenemos que pagarle."

Sebastián se frotó la frente con las manos y cerrando al tiempo que lo hacía los ojos.

Alexandra estaba familiarizada con este gesto. Sebastián siempre se frotaba la frente y cerraba los ojos cuando trataba de evitar el asunto que tenía enfrente, a la vez que ocultar sus verdaderos sentimientos.

"No tengo dinero," contestó, "lo que puedo hacer es pedirle prestado cincuenta dólares a mi hijo Kris para abonarle algo a Elena."

Alexandra no volteó a verlo. Se mantuvo mirando al frente tratando de contener su enojo y humillación.

"Cada mes que recibo mi salario de trabajo se lo doy por entero a mi mamá, y ella solamente me dá cien dólares pare los gastos que tengo durante el mes."

Alexandra se volvió hacia él y lo miró atentamente. Cuantas veces desde que había quedado desempleada le había oído decir la misma cosa? Un año para ser exacta, desde que había comenzado a pagar ochenta y cuatro dólares que costaban las clases de baile de Carly cada tres meses.

"Esa cantidad me da veinticinco dólares cada semana para mis gastos," Sebastián seguía diciendo mientras sus ojos recorrían el patio de la escuela como buscando a Carly. "Tenemos que enfrentar la realidad. No tenemos dinero. Necesitamos ahorrar. Lo que podemos hacer, es ya no ir a cenar los Sábados al restaurante, y ahorrarnos los catorce dólares que gastamos en la cena para pagarle a Elena."

Su codicia era bárbara y tan increíble. Que Alexandra trató de evitar mirarlo para ocultar la profunda pena que estaba sintiendo.

"He estado usando mis tarjetas de crédito aquí y allí, aún que le prometí a mamá no usarlas. No sé que voy a decirle cuando se entere." Sebastián terminó diciendo esto último evidentemente preocupado.

Alexandra no pudo contenerse irrumpió en risa, sus ridículas excusas para no pagar las clases de baile eran muy risibles.

"Lo que me gustaría saber," dijo Alexandra con sarcasmo, "cuando de una vez por todas vas a decirle a tu mamá que ya no interfiera en tu vida. Ya no eres un niño. Que no te has dado cuenta? Eres un hombre," Alexandra continuó completamente fuera de sí, "no creo que necesites a tu mamá guiándote como gastar tu dinero, diciéndote que decir, que hacer, y a quién querer. Ya tienes suficiente edad para tú solo hacer esas determinaciones."

Estaba harta de tanta falsedad.

"Déjame decirte, otra cosa," lo miró severamente, casi con desprecio, "me irrita, que cuentes que eres tan pobre, que para sobrevivir tienes que pedirles prestado dinero a tus hijos, porque nadie te lo cree."

Sebastián se sonrojó. Sus manos frotaban una y otra vez su frente al tiempo que cerraba los ojos.

"Tus hijos de ningún modo ganan más dinero que tú. Ganas muy buen dinero. Qué es lo que haces con él? Le gritó, "no te veo comprándote ropas elegantes ó gastándotelo en comprarte carros nuevos."

"Tengo que pagar mis tarjetas de crédito," dijo bajo casi hablándose así mismo.

"Sebastián, "Alexandra dijo mirándolo con impaciencia, "tú puedes pagar todas tus tarjetas de crédito con uno solo de tus cheques, y por favor, no me digas que no es verdad, ó que el dinero que te prestan tus hijos es lo que te mantiene. Se oye tan ridículo; es mejor que me digas que no quieres gastar, y que te duele gastar dinero en nosotros."

Sebastián para ahora se miraba tenso y a la defensiva. Sus ojos tenían ese velo que caía sobre sus ojos cuando algo le molestaba. No importaba más, Alexandra pensó, estaba cansada de quedarse callada y de aceptar las mentiras y excusas que no podía creer.

"Sé que estás pensando en lo que tu mamá te dice," le dijo esta vez con pena mientras caminaba buscando a Carly quién había corrido con sus amigas tan pronto se encontró con ellas en la escuela. "Alexandra lo único que quiere es tu dinero. No le des ni un quinto ó dentro de poco te va a quitar hasta tu casa. Dime si no es esto lo que te dice Sebastián?"

Sebastián se quedó callado. Caminaba atrás de Alexandra silenciosamente con actitud sumisa.

Había mucha gente en el carnaval, se oían risas, música, puestos de comida y juegos. Casi todos la conocían. Al pasar la saludaban aquí y allí mirando a Sebastián que la seguía con curiosidad.

"No sé tú," continuó Alexandra con mas pesar que coraje, " pero me es tan difícil no poder presentarte ante todos como mi esposo, pero que puedo hacer, eso es lo que tu has escogido, no es mi culpa sino tuya. Si tuviera trabajo," continuó, " no te pediría dinero. Nunca te lo pedí cuando tenía trabajo. Tú comenzaste a pagar las clases de Carly hace unicamente un año, cuando me quedé sin trabajo, esto es veintiocho dólares mensuales por las clases de baile. No es una gran cantidad para darle a tu hija."

No podía contenerse. Su bajeza era demasiada.

"No estoy segura que es lo que pienses tú," Alexandra continuó con sarcasmo, "pero es vergonzoso que la gente piense que eres tan pobre que ni siquiera veintiocho dólares al mes para dárselos a tu hija."

Se volvió hacia Sebastián mirándole de frente. Sebastián estaba pálido, pero se mantenía callado.

"No te preocupes," Alexandra dijo palmeando su espalda, mientras hacía desesperados esfuerzos para ocultar sus lágrimas, "ya veré lo que hago. No tienes que quedarte sin dinero por culpa de nosotros. Yo conseguiré el dinero para pagarle a Elena, el monto del nuevo término de clases, y lo que le debes desde hace seis meses."

Caminó más deprisa llamando y buscando a su hija entre la muchedumbre. Dejó a Sebastián atrás, de pronto sentía ganas de correr y esconderse.

"Carly," Alexandra emitió con alivio encontrando a su hija, "quiero irme ya a casa. Se está haciendo tarde y hace frío."

"Un ratito más mami, un ratito más," su hijita pidió.

"Okay." Alexandra dijo. No tenía objeto arruinarle a su hijita este instante de diversión. "Te esperaré en el carro."

Se volvió y chocó con Sebastián, quién a corta distancia se encontraba sonriéndole amoroso a Carly.

"Yo me quedó contigo, dulzura," le dijo a su hija.

Carly asintió y corrió de nuevo junto a sus amigas. Alexandra no miró a Sebastián. Pasó a su lado alejándose de él a grandes pasos.

En la distancia el horizonte se encontraba dorado semejando un inmenso lago de fuego. De un manotazo se limpió las lágrimas. No quería empezar a recordar, pero su corazón estaba ardiendo de todos modos con la misma pena. Su conducta era absurda, una y otra vez Sebastián le había demostrado que no las quería, pero cada vez que lo veía, siempre se dejaba dominar por la pasión, removiendo los últimos ápices de fuerza de su cuerpo y de su alma.

Al lado de Sebastián, no había más que aprendido cuán destructivo y dañino a veces podía ser el amor.

Alexandra miró hacia el horizonte. Las nubes doradas se habían opacado un poco y el sol había casi desaparecido bajo el Gran Lago Salado devorado bajo sombras platinadas. Porqué Carly tardaba tanto? Sacudió la cabeza tratando de borrar los pesarosos recuerdos.

"Mami, mami! Me divertí como nunca" gritó Carly abriendo la puerta del carro y sentándose junto a ella. "Gracias por esperarme. Desearía que pronto organizaran otro carnaval, pero no lo creo. No habrá otro sino hasta en año que entra. Que horrible!"

"Otra diversión vendrá," dijo Alexandra sonriendo y dejando para después la avalancha de sus recuerdos, "vas a ver."

Prendió el motor y echó a andar el carro en dirección a casa.

Irma Noriega

113

Buscar trabajo en la década de los noventa, no era lo mismo que buscarlo en la década de los ochenta. En la década de los noventa buscar trabajo era tanto como preparase para una batalla. Títulos de Universidad y experiencia no eran suficientes.

Por un lado, la situación económica había cambiado drásticamente. Las computadoras habían reemplazado muchos de los trabajadores, reduciendo notablemente las oportunidades de empleo. Por otro lado, un resurgimiento de toda clase de prejuicios sociales estaba en popa, incitados tal vez por la ley de Amnistía que recién había sido aprobada, y también por el surgimiento de distintos grupos sociales separatistas, los cuáles no reclamaban igualdad, sino que enfatizaban las diferencias, y demandaban derechos especiales.

Quizá la mayor tragedia en la vida es precisamente esto, Alexandra pensó, que casi nadie se sienta parte de la raza humana, y que casi todos dejen sus grupos sociales, grupos religiosos, raza, dinero, deformidad, inclinación política, feminista ó machista separarlos y dividirlos de otros."

Buscar trabajo era tedioso y cansado. En todos los lugares que había solicitado trabajo, le habían dicho "te llamaremos," pero nadie la había llamado.

Conseguir trabajo en esos días, era más difícil que nunca, concluyó con desesperación al darse cuenta que los días sin empleo se habían convertido en semanas, y las semanas en meses sin que de ningún lado la llamaran ni siquiera para una entrevista. Algo no esta bien, reflexionó yendo de lugar en lugar, "ya sé!" Exclamó, recordando las palabras que el gerente de Personal le dijo el día que fué a renunciar.

"Es mejor que aparezca en tu expediente que renunciaste a que fuiste despedida." Alexandra no entendió lo que decía, pero ahora veía la luz por primera vez. Enterprises 2000 había estado dando malas recomendaciones de ella.

Distraída como iba, manejó por debajo del viaducto. Los vagabundos habían establecido una comunidad ahí. Manejando, fijó en ellos su atención. Se encontraban reunidos en grupos de cuatro ó cinco aquí y ahí, para quizá compartir con otros su desolación y falta de fortuna. Mirándolos no le fue nada difícil acordarse de su padre. Su padre había estado sin casa como ellos, desposeído y castrado de salir adelante por causa de estigmas y tragedias. Siendo un espectador, era fácil criticar y escandalizarse por lo deplorable de su circunstancia, pero nadie sabía realmente, que difícil era vivir en la calle siendo señalados por la sociedad luchando a pesar de los prejuicios, con estómagos vacíos y teniendo desolada el alma.

"Mi desempleo resulta claro, ahora." Se dijo. "Demandé igualdad de trato, y un año después, aun me están castigando por mi atrevimiento." Fue en este instante que tomó la determinación de quitar la referencia de Enterprises 2000 de su solicitud de empleo.

114

"Háblanos de ti." Le pidió una de las señoras que la entrevistaban.

Alexandra había sabido de este trabajo al leer el anuncio en el periódico Tribune, y después había conseguido esta entrevista.

Los ojos de las señoras estaban fijos en ella pero trató de mantenerse imperturbable. Había sido irónico y deprimente buscar trabajo, al borde de lo ridículo! Demasiados requisitos para un trabajo en el que pagaban solamente $4.25 la hora. Alexandra respiró profundamente y dijo lo que había decidido decir.

"No tengo ninguna experiencia," Alexandra dijo mirándolas en los ojos, "he estado casada por once años, me acabo de divorciar y ahora necesito trabajar."

Los once años que había trabajado con Enterprises 2000 con estas palabras se habían borrado. Lo único que había querido era una mejor oportunidad de empleo, pero el solo hecho de pedirla le había quitado el trabajo y robado los medios de ser feliz. "Trabajar en un ambiente de igualdad es muy importante," les dijo antes de renunciar, "donde los empleados se sientan capaces de hacer un trabajo bien hecho sin la opresión constante de tener a alguien atrás diciéndoles cuán deficientemente están desempeñando el trabajo, y cuán inadecuados é ineptos son..." La voz de las señoras la trajo a la realidad.

"La paga no es gran cosa pero tienes beneficios médicos." Una de ellas explicó.

Algo es mejor que nada, pensó, estrechándoles la mano al tiempo que les daba las gracias. Al menos tendría unos cuantos dólares para pagar las cuentas más esenciales. La mentira le había dado resultado—la habían contratado.

Las carcajadas inmoderadas de Marsha y Shirley detuvieron sus pensamientos. Estaban hablando a gritos contando sin ninguna reserva su vida sexual con sus esposos. Alexandra sintió nauseas. Escuchándolas era casi como tener una reata atada alrededor de su cuello asfixiándola. Ya no soportaba ese ambiente. Ese trabajo no podía ser lo único que esperaba ella de esta vida.

EVENTOS EN EL TRABAJO

Alexandra despertó temprano por la mañana, llevó a su hijita a la escuela, y, como hacía cada día, manejó hacia la clínica. Vivía en el lado Este de la ciudad de Salt Lake City, así que solamente le tomaba unos minutos para llegar al centro. Cada mañana temía el momento de llegar allá y notar inmediatamente la asperidad y la enemistad reflejada en las caras de Marsha y Shirley.

"Hola," Alexandra saludó al entrar, pero Marsha y Shirley continuaron hablando entre ellas como si Alexandra no las hubiera saludado.

Otro día más, Alexandra pensó, sintiéndose descorazonada ante el largo y pesado día de trabajo que se le esperaba. En silencio cogió en sus manos la lista de los pacientes que vendrían a ver al doctor este día y los acomodó sobre el escritorio. Shirley estaba sentada con las piernas arriba del escritorio quejándose como siempre de sus malestares de embarazo y comiendo. Shirley era chaparra, gorda, muy hablantina, y dada al chisme. Su pelo rojizo y despeinado le llegaba hasta los hombros dándole a su cabeza y cara la apariencia de un león. Su nariz siempre estaba roja y sudorosa, y cuando caminaba de un lado a otro lo hacia rápido jadeando constantemente y dando voces de la buena disposición de ánimo de su solícito esposo, su vida sexual, y del infame tratamiento que su suegra le daba.

Harta de tanto chisme, Alexandra decidió por fin ésta mañana ir a la oficina de personal para pedir un cambio de puesto. La directora de la clínica asistía a la misma iglesia que ella, y si no eran amigas se saludaban y eso en este caso era una ventaja.

"No es lo que sabes, pero a quién conoces," Alexandra había escuchado constantemente mientras trabajó con Enterprises 2000. Hoy era la ocasión de verificarlo, pensó.

315

Contrariamente a lo que Alexandra esperaba, Carol la trató como si nunca la hubiera visto. Atrás de su escritorio, investida con su título de directora de la clínica, Carol se mantuvo desinteresad y distante.

"Tienes que dirigir tu petición en personal con Anna," Carol le dijo, moviendo las manos con la actitud que toman aquellos que teniendo poder se sienten superiores a otros. Carol tenía como cincuenta años, pelo rubio, corto y ondulado. A primera impresión Carol daba una agradable impresión. "Anna es la que escoge los candidatos para ocupar las vacantes de trabajo que tenemos. Yo no puedo hacer nada. Lo siento." Diciendo esto, se levantó de su asiento como indicando que nada más había que añadir, abrió uno de los cajones de su escritorio, tomó unos papeles que estaban adentro, y miró su reloj con impaciencia.

Sin más, Alexandra le dio las gracias sonriente, tratando de ocultar la desilusión. Pero la verdad es que tenía ganas de llorar. En la oficina de Personal, Anna rechazó su petición también.

"Nadie ha sido todavía seleccionado para la posición," dijo Anna formalmente, "pero estamos esperando encontrar entre los solicitantes, alguien que tenga más preparación de la que tu tienes, y ese será el candidato elegido."

Alexandra cerró los ojos momentáneamente sintiéndose muy cansada. La vida como madre soltera, y la vida en general, era difícil é injusta. Ir a la escuela era el único alivio que Alexandra experimentaba para librarse de la tensión y disatisfacción que frecuentemente sentía. Estudiar era un pequeño descanso que le daba a sus pensamientos, una experiencia que le causaba sentir paz, además de ser la puerta que la haría explorar nuevos horizontes. Sentía una gran satisfacción al poder leer y escuchar las cátedras que los maestros daban, cerrar los ojos al escucharlos, é imaginar entonces la realización de sus sueños con risa, éxito, y bienaventuranza.

Afuera de la oficina de Personal, el verde de los árboles aparecía brillante. La Primavera había llegado otra vez y para Alexandra no había nada más bello que mirar un pájaro volando suspendido en el cielo, las laderas de las montañas reflejando la luz crepuscular, ó sus hijos.

Irma Noriega

116

En la clínica las tensiones acrecentaron. Sin cooperación ó ética profesional no se daba buen servicio, ni existían tampoco buenas relaciones entre los empleados. Las enfermeras se tragaban a los doctores, los doctores criticaban a las enfermeras, y Marsha y Shirley en la recepción a todo aquel que se ponía enfrente ó en contacto con ellas.

Desde que comenzó a trabajar en la clínica Shirley y Marsha no esperaron un segundo para indicarle el lugar que ocupaba en el trabajo y decirle lo que pensaban de ella.

"Solamente Marsha y yo tenemos la llave de la caja fuerte." Shirley le confesó a Alexandra enfatizando cada palabra. "La última vez que le dimos la combinación de la caja a la otra Mexicana que trabajaba aquí antes que tú, siempre faltaba dinero."

Alexandra se mordió la boca para no contestar, pero sintió su sangre arder por dentro. Solo porque necesitaba el trabajo seguía yendo, pero a Alexandra le resultaba muy díficil entender como gente sin ninguna preparación y urbanidad podía estar al cargo.

"Lo sentimos mucho," ellas siempre le decían a los menesterosos y a la gente pobre, "los doctores están muy ocupados hoy día. No hay manera de que alguno de ellos pueda verlos sin tener cita. Nosotros hacemos las citas con anticipación. La fecha más cercana para ver a uno de los doctores será hasta dentro de un mes."

A Alexandra le resultaba muy díficil escuchar todo esto sin decir nada, disimulando no haber escuchado ó mantener indiferencia. Lo que ellas le decían a la gente eran mentiras, pero Marsha y Shirley parecían disfrutar causando sufrimiento en los necesitados y viendo la impotencia reflejada en sus ojos que sorprendidos por el rechazo, apesadumbrados se volvían mirando al suelo sin esperanza y completamente descorazonados. En ningún otro lugar como en éste Alexandra se dio mejor cuenta de que el sistema social del modo que estaba establecido, apoyaba unicamente a los ricos y poderosos, dejando las migajas para los necesitados. Los pobres no tenían palancas, y sin ellas no tenían el menor chance de salir adelante. En cuanto a Alexandra, como era Mexicana, Marsha y Shirley desde que la conocieron la trataron como ser humano de segunda clase, con inteligencia limitada para siquiera figurar y entender como archivar, como contrastar colores, ó como depositar y acomodar los lápices en su lugar. Era agobiante tener que lidiar con las intrigas y comentarios insultantes del parecito y permanecer callada. Cada vez que se volteaba, Marsha y Shirley se las arreglaban para cambiar las cosas de su lugar ponerlas en otro lado y luego acusarla de haberlo hecho, con el único fin de molestarla y demostrar ante todo mundo lo incapaz y tonta que era.

"Mami, siento mucho que tengas que pasar por todo eso," le dijo su hijita Carly, besándola con amoroso gesto lleno de tristeza cuando Alexandra le contó lo que las mujeres esas le hacían en la clínica. Carly tenía once años, era muy cariñosa y una niña preciosa. Su sonrisa y el cariño que le profesaba mantenía a Alexandra firme instigándole el ánimo necesario para seguir adelante a pesar de las dificultades. Alexandra siempre enseñó a sus hijos que toda la gente, ya fueran éstos vagabundos, homosexuales, drogadictos, sin importar su procedencia, raza, color ó casta merecían ser tratados con respeto y dignidad humana. Estaba contenta de que Franco se encontrara todavía en su misión de este modo no se daba cuenta de todo esto. Lo que afrontaba no era placentero de ninguna manera.

117

En cuanto Alexandra llegó al trabajo la siguiente mañana, notó de inmediato el cuchicheo y las miradas llenas de desprecio que Marsha y Shirley le lanzaban. Desde el principio Alexandra no se había integrado a su grupo ó participado en las pláticas superficiales y en los chismorreos. Se había mantenido aparte haciendo su trabajo, ignorando sus punzantes críticas.

"Te quieren en la oficina de administración a las diez de la mañana," Shirley le susurró misteriosa en el oído. Pero Shirley tenía la actitud de aquéllos que habiendo hecho mal, disfrutan sin conciencia cada minuto de su obra. Alexandra la miró brevemente y nada dijo.

Había intuido su conspiración por el odio con que la trataban y por las cosas que Marsha le dijo unos días antes.

"No te queremos aquí," Marsha le confesó finalmente irrumpiendo en gritos histéricos, cuando Alexandra no pudiendo aguantar más el injusto trato que le daban a los pacientes y las mentiras que les decían, interrumpió el diálogo de Marsha negando servicio.

"Un momento señor," Alexandra dijo con compasión, "no se vaya. Déjeme hablar con el doctor. Estoy segura que de un modo ú otro lo podrá ver hoy. La enfermedad cuando llega, llega de pronto sin hacer citas.

Los ojos del hombre en harapos brillaron con agradecimiento.

"Gracias, señorita," dijo humildemente, "gracias."

Marsha miró a Alexandra lívida de odio. Su piel se había tornado roja y su boca la tenía fruncida por el coraje é incredulidad.

"No puedes hacer eso!" Gritó temblando y respirando entrecortadamente como si estuviera teniendo un ataque. Es en contra de las reglas! A donde vas? Regresa!"

Alexandra que iba caminando ya por el corredor, hacia la parte posterior de la clínica, se detuvo y se volvió sobre sus pasos hasta la recepción donde Marsha incapaz de controlar su indignación temblaba violentamente.

"Cállate!" Le dijo Alexandra.

Por una fracción de segundo, Marsha se quedó atónita.

"No te queremos aquí!" Explotó sin contenerse zapateando en el suelo. "Tú no eres como nosotros, queremos a alguien que sea Americana!"

Pero Alexandra ignorando los destemplados y ridículos gritos había desaparecido por la parte trasera del corredor para llamar al doctor.

No importaba si la corrían, pensó Alexandra en silencio al tiempo que continuaba archivando los resultados del laboratorio. Juntó las últimas citas de esa mañana y cuidadosamente las depositó sobre el escritorio. Actos de injusticia como éstos despertaban en ella fuertes sentimientos de disgusto, rebelión, y también una gran pena, como si un cuchillo estuviera cortándola por dentro. Era deprimente, Alexandra se daba cuenta, pero éste era el pan diario de los pobres, recibir desprecios a causa de su pesarosa condición, como si esa condición fuera el haberla escogido y no sido el resultado del establecimiento social que los mantenía excluidos de cualquier posibilidad de salir adelante.

Dirigiéndose hacia los estantes cogió su bolsa. Eran la nueve y media, justo el tiempo para llegar al edificio de administración.

Silenciosamente cerró la puerta de la clínica y subió a su carro. El edificio de administración estaba en la parte Oeste de la ciudad. De la clínica manejando por el viaducto tomaban quince minutos el llegar allá. No había regresado a ese edificio desde el día en que le habían contratado.

Cuando Alexandra llegó, Shirley y Anna se encontraban paradas en medio del corredor principal. Estaban cuchicheando, y en cuanto la vieron dejaron de hacerlo. Era claro que habían estado esperando impacientemente por su llegada. Alexandra se dirigió hacia ellas sin prisa y las saludó cordialmente.

"Entremos en este cuarto para discutir el asunto," Anna dijo. Entraron en el cuarto que estaba a la derecha del pasillo y tomaron asiento a un lado de la mesa ovalada.

"Queríamos decirte," Anna comenzó a decir sin más preliminares, "que hemos decidido despedirte."

Alexandra las miró impávida..

"Shirley me ha informado," Anna continuó tratando de ser profesional, "que tu trabajo en la clínica no ha sido eficiente." Se detuvo revisando unos papeles que llevaba en sus manos, "ha habido muchas quejas acerca de ti." Anna se miraba nerviosa, y un poco irritada, mientras hablaba volteaba frecuentemente a mirar a Shirley como para recibir su asentimiento.

Anna era la encargada de contratar empleados. Desde la primera vez que Alexandra la conoció, cada vez que la había visto Anna vestía el mismo vestido. Era negro y largo como de seda. Sus zapatos puntiagudos y con tacón dorado. El pelo lo tenía pintado de anaranjado casi pelón. Era chaparrita menos de metro y medio, tenía una cabecita, y orejas grandes, casi gigantescas de las cuales colgaba enormes arracadas.

"Necesitas firmar aquí y aquí, donde indicas que aceptas tu renuncia por no desempeñar un buen trabajo." Dijo Anna fingiendo formalidad y pasándole con impaciencia el papel para que firmara.

Alexandra cogió el papel con calma, lo estudió durante un segundo, miró a Shirley atentamente, y luego lo depositó sobre la mesa. "No voy a firmarlo," dijo Alexandra borrando con esto la sonrisita de triunfo de la cara de Shirley. "No estoy de acuerdo con lo que dice."

"Bueno, lo que sea," replicó Anna. Su protocolo se había esfumado y parecía tremendamente molesta, "te deseamos suerte." Se levantó bruscamente pálida de ira dirigiéndose velozmente hacia la puerta seguida por Shirley.

"Gracias." Alexandra contestó levantándose y depositando la llave de su estante sobre la mesa. Tan pronto como lo hizo, se puso de buen humor. "Buen día," dijo cortésmente dirigiéndose hacia la puerta, iba sonriendo cuando se dirigió hacia fuera.

En el camino a casa, se detuvo en un restaurante para comprar un sándwich y un refresco. Le dio unos cuantos mordiscos, bebió un poco y regresó a su carro. Manejando por el viaducto de la parte oeste de la ciudad hacia el este las montañas semejaban enfrente de ella una poderosa cortina. Era grato mirarlas é imaginar cuándo y cómo se habían formado, y cómo y cuándo la vida había aparecido sobre la tierra.

En cuanto llegó a la casa abrazó y besó a su hijita. Todavía abrazadas Alexandra dio un profundo suspiro. El futuro estaba otra vez frente a ella trayendo hasta su puerta un nuevo percance.

118

A través de la ventana, lo vio venir mientras comían. Sebastián se bajaba de su carro.

"Ahí esta papá!" Gritó Carly corriendo a esconderse atrás de la puerta de entrada para espantar a su papá.

Alexandra limpió rápidamente la mesa y regresó nuevamente al comedor. Sebastián abrió la puerta en ese momento.

"Boooohhh!" Carly gritó.

Sebastián sonrió.

Carly soltó la carcajada. "Te espantaste, verdad? Saltaste. Te viste muy gracioso."

"Hola," dijo Alexandra acomodando el florero en el centro de la mesa.

"Hola," contestó yendo a sentarse en la sala junto a su hija.

"Me corrieron del trabajo hoy." Se lo soltó yendo atrás de ellos a la sala, "te acuerdas que lo había temido? Fue a causa de las intrigas de las tipas esas que no me querían tener ahí. Debía sentirme apesadumbrada Sebastián, pero no lo estoy. Esto me da la oportunidad de encontrar un mejor trabajo no crees?"

Sebastián se quedó callado por unos segundos mirando fijamente el suelo. Tenía tanta gravedad en la expresión de su cara, que por un momento Alexandra pensó que le había calado lo que le había dicho. "Qué estás pensando Sebastián?" Le preguntó esperanzada.

"Estoy pensando," Sebastián contestó marcando cada palabra, se veía preocupado por su falta de ineficiencia, "que mi cocina necesita limpiarse. No la he limpiado hace mucho tiempo, y está muy sucia."

Su respuesta no era sorprendente, pero la ofendió. "Sí," asintió mordiéndose los labios con pena, "tienes razón, esta muy sucia, necesita limpiase."

"Sí," exclamó, "eso voy a hacer."

Se levantó y caminó hacia la puerta deprisa seguido por Carly.

"Papá," Carly dijo rompiendo en llanto. "Mi mamá no tiene dinero para pagar la renta, ó para comprar comida hasta que consiga otro trabajo. Tengo miedo, no sé que es lo que vamos a hacer."

"Sí, ya sé." Contestó rascándose la cabeza con indiferencia un poquito antes de salir, "La vida es dura."

119

La vida era dura, pero estaba mejorando cada minuto. No en balde estaba ahí celebrando al lado de sus hijos este instante. Sonriente miró hacia arriba. Carly y Franco le sonrían desde el segundo piso con orgullo. Justo a tiempo para asistir a la graduación, Franco había vuelto de su misión. Alexandra contuvo los enloquecidos latidos de su corazón. Enfrente de ella el coro de la escuela había comenzado a cantar alabanzas al Creador mientras lágrimas de emoción se secaban en sus ojos. La ceremonia de graduación había comenzado.

"Alexandra Márquez." Llamaron por el micrófono.

Alexandra se levantó y caminó hasta el púlpito para recibir de las manos del Director de la Escuela, su título de graduación. Lo levantó en alto mostrándoselo desde ahí a sus hijos con la sonrisa en los labios. Era un momento de triunfo y el final del camino que había comenzado al tomar la primera clase nocturna. Llorando, al final de la ceremonia, corriendo fué a encontrarse con sus hijos. Quería con sus abrazos poder darles toda su alma. Simplemente los adoraba. Cogidos de la mano, salieron de la sala de Asambleas y caminaron alrededor del Templo. Miró hacia el cielo, se veía como siempre mágico con ese toque de infinito, de mas allá, de paz, de belleza y esperanza. Estaba azulísimo—con pequeños pedacitos blancos aquí y ahí semejando pinceladas sobre un lienzo y el Templo delineado por la luz se erguía majestuoso y celestial. Vivir era simplemente grandioso.

Irma Noriega

EL JUICIO

Muy bien vestida se presentó en la oficina de los abogados como habían acordado antes del juicio. Los saludó estrechando su mano.

"Estás lista?" Preguntó uno de ellos mirándola de fijo.

"Lista." Contestó Alexandra con una media sonrisa.

"Muy bien, vamos pues."

Cruzaron la calle hacia donde se encontraba la Corte Federal. No estaba nerviosa. Se sentía lista para testificar. Había esperado por este momento por cuatro años, desde que hizo su denuncia de discriminación en el Departamento de Estado en 1991. Después de pasar la inspección de seguridad fueron al juzgado. Sobre el asiento del juez colgado en la pared se encontraba un gigantesco sello de justicia. Magnánimo y sugestivo representaba ley, orden, y autoridad. Alexandra tomó asiento silenciosamente y miró alrededor. Ella, y dos mecanógrafas que estaban sentadas cerca de la silla del juez, eran las únicas mujeres que había en el cuarto. Enfrente de ella estaban sentados los tres representantes de la Unión más los cinco abogados defensores. Cogió la pluma que estaba sobre la mesa y jugó con ella en sus manos. Sus dos abogados y los cinco abogados defensores se reunieron en el centro del cuarto formando un pequeño círculo. Todos tenían las manos adentro de los bolsillos, parados con las piernas entreabiertas balanceando el cuerpo con notada importancia.

El abogado defensor que estaba a cargo, le lanzó una mirada que hubiera podido pulverizarla. Después de todo, ella era el microbio que quería exterminar para probar su destreza como gran conocedor de la ley y como abogado. Alexandra sostuvo su mirada impávida. Era fácil sentir su arrogancia. mantenía la cabeza con una inclinación como de treinta y cinco grados sobre la cabeza de los otros.

De pronto los abogados rompieron el círculo, y fueron a tomar sus puestos atrás de los escritorios sacando libros de sus portafolios abotonando y desabotonando sus sacos, y acomodándose la corbata con un marcado signo de impaciencia.

Sus abogados no habían hablado mucho. Estaban sentados a su lado en silencio y a ella le pareció raro. Al principio habían estado tan entusiasmados con su caso, después, cambiaron. Parecían un poco indecisos y cortos de palabras, como que querían persuadirla de abandonar el caso ó que doblegara su brazo. Lo había notado unos cuantos meses antes del juicio.

"Enterprises 2000 está proponiendo una indemnización," le dijo uno de los abogados un día que se reunió con ellos en la oficina, "creemos que debes aceptar. Si lo haces, no tienes ya que ir a juicio."

La noticia le molestó. Había ido a su oficina a discutir preeliminareis, no la indemnización. Se lo quedó viendo incrédula.

"Si me está pidiendo que abandone el caso, mi respuesta es negativa, no voy a echarme para atrás."

"Piensa lo que haces," el abogado insistió, "no tienes ninguna garantía que vas a ganar. Si vas a juicio puede ser que no ganes y entonces vas a perder esto que te ofrecen ahora."

Alexandra se sonrojó ofendida. No había en el mundo dinero suficiente para comprarla.

"No importa que gane ó pierda, lo que quiero es ir a juicio. No ando atrás de dinero, lo que quiero es exponer la injusticia. Sostener abiertamente La Constitución."

"Te repito," el abogado dijo haciendo caso omiso de su respuesta, "es una buena oferta y sabemos que no tienes dinero. Lo único que tienes que hacer es firmar este documento. No juicio ó pregunta. Que dices? Si no aceptas ahora tal vez cambien de parecer y entonces vas a perderlo todo."

Alexandra sonrió. "Imagine a donde estaríamos ahora si los hombres que declararon la independencia de la nación, se hubieran vendido al mejor postor—no estaríamos aquí gozando de las libertades que ahora tenemos." No se vendía, por nada, menos cuando lo que ofrecían era para tapar erróneas aplicaciones de justicia y perpetuar con ello deshonestidad.

Los abogados se miraron uno al otro no creyendo lo que oían.

"Entonces, quieres rodar los dados?" Preguntó el abogado.

"Sí," Afirmó, "Quiero rodarlos."

"Aunque ganes ó pierdas?"

"Aunque gane ó pierda." Contestó.

"Estás segura?"

"Estoy segura."

Salió de la oficina confundida y ofendida. De que lado estaban? Resultara lo que resultara había decidido testificar. Las ideas de honor y de sostener una causa noble la incendiaban. Le producía escalofríos por el cuerpo. Estaba hecha quizá de la misma madera que Patrick Henry quien había dicho," denme libertad ó muerte." Ella no sabía de que madera estaban hechos sus abogados.

Apenas había comenzado a testificar la injusticia, cuando los abogados interrumpieron el testimonio, para hablar en privado con el juez. A su regreso los abogados de Alexandra dijeron:

"Ya no vas a testificar."

"Porqué?"

"Entraste a este país ilegalmente. No tienes chance de ganar. Vamos a aceptar la indemnización que ofrecen."

Alexandra los miró perpleja, "No quiero ninguna indemnización, quiero testificar para hacer pública la injusticia."

"Me temo que no vas a poder."

Los miró guardando silencio esperando una explicación.

"Es cuestión de poder, no-cuestión de justicia." Uno de los abogados dijo. No la miraba cuando lo dijo.

Después de pasar la mitad del día en la corte en lo que a ella le pareció arreglos pre- meditados, dejaron la corte y lo que había sido hasta unas horas antes su lucha para sostener los principios constitucionales. Lo que sucedió en la corte, todavía no hacía sentido, pero ahora ya era cosa que pertenecía al pasado. Los términos y condiciones del arreglo de indemnización que destruyeron su insurrección fueron sellados tal vez para proteger a la compañía Enterprises 2000 del escándalo de mala publicidad.

Irma Noriega

AL FIN LIBRE

Con flores en la mano Alexandra entró al Cementerio. Caminó con pasos rápidos por la vereda principal deteniéndose ante la reciente sepultura. Era de Sebastián. Fue después de uno de los altercados que tuvieron acerca de dinero que no regreso más. Viendo las noticias en la televisión fue que se entero de su muerte. Él y la mujer que iba con él habían perecido en un horrible accidente.

Dejó las flores en el florero y se encaminó de regreso. En sus brazos había tocado el cielo y el infierno. Ahora, nada quedaba— su recuerdo era como un sueño dentro de otro sueño. Estaba libre. Al fin estaba libre y se sentía con fuerza. Caminó con firme y rápido paso hacia la salida. Carly y Franco la esperaban ahí. Ellos eran el verdadero amor de su vida. Que otra riqueza puede ser más valiosa que ellos?

"Ninguna." Se contestó.

ACERCA DEL AUTOR

Irma Noriega nació en la ciudad de México. He vivido en Estados Unidos desde hace veintidos años. Noriega se graduó del Westminster College con un Bachillerato en Comunicaciones y del LDS Business College en Mercadotecnia y Administración. Noriega enseña Inglés como segunda lengua a estudiantes extranjeros. Reside en la cuidad de Lalt Lake City con su hijo é hija.